coleção primeiros passos 325

CB052431

Lia Regina Castaldi Sampaio
Adolfo Braga Neto

O QUE É
MEDIAÇÃO DE CONFLITOS

editora brasiliense

1ª edição. 2007
4ª reimpressão, 2014

Diretora Editorial: *Maria Teresa B. de Lima*
Editor: *Max Welcman*
Preparação de originais: *Dida Bessana*
Revisão: *Maria Regina Machado*
Capa: *Camila Mesquita*
Atualização da Nova Ortografia: *Natália Chagas Máximo*

Dados Internacionais de Catalogação na Publicação (CIP)
(Câmara Brasileira do Livro, SP, Brasil)

Sampaio, Lia Regina Castaldi
     O que é mediação de conflitos / Lia Regina Castaldi Sampaio,
Adolfo Braga Neto. - - São Paulo: Brasiliense, 2014. - -
(Coleção Primeiros Passos; 325)

ISBN 978-85-11-00114-3

1. Administração de conflitos 2. Mediação 3. Solução de problemas
I. Braga Neto, Adolfo II. Título. III. Série.

07-3500   CDD-303.69

Índices para catálogo sistemático:
1.Conflitos: Mediação: Sociologia 303.69 2.
2.Mediação de conflitos: Sociologia 303.69

editora brasiliense ltda.
Rua Antônio de Barros, 1839 – Tatuapé
CEP 03401-001 – São Paulo – SP
www.editorabrasiliense.com.br

SUMÁRIO

I. Introdução 7

II. Métodos alternativos de resolução de conflitos 10

III. Conflito 27

IV. Principais norteadores da mediação 39

V. Dinâmica da mediação 49

VI. Demais ferramentas 67

VII. Mediador: seu papel e suas funções 88

VIII. Áreas de utilização da mediação 106

IX. Aspectos jurídico da mediação 124

Bibliografia 152

Sobre os autores 157

INTRODUÇÃO

Quando recebi o convite para escrever sobre Mediação, tive a vontade de que, mediante este livro, as pessoas interessadas nesse novo paradigma de lidar com conflitos, não só conhecessem o processo da mediação, mas pudessem ter acesso à sua dinâmica de uma forma prática e didática.

Para que este desejo se realizasse de maneira condizente com a minha expectativa, seria fundamental a participação de alguém capaz de contribuir com conhecimento, sensibilidade e experiência, mas que acima de tudo, tivesse uma visão de Mediação semelhante à minha. Assim, convidei o Dr. Adolfo Braga Neto, profissional notório e experiente nesta matéria, a compartilhar comigo a obra.

Assim tive o prazer de escrever ao lado de um mestre na área, o que me deu a possibilidade de trocar saberes e experiências aos quais os leitores certamente terão acesso durante a leitura.

Por meio da nossa sintonia de pensamentos, pudemos desenvolver um livro como havíamos pensado: teórico, prático e didático, resultado de nossas experiências em Mediação em vários setores e formas.

No primeiro capítulo estão descritos os principais métodos de resolução de conflitos e suas diferenças. O segundo fala sobre o conceito de *conflito* e seus tipos, e classificações; fala também sobre mudanças, comunicação e poder como fatores geradores de conflito. E, para finalizar, o tema sob a ótica da psicossomática.

No terceiro capítulo são abordados os princípios fundamentais da mediação. No quarto, a dinâmica do processo de Mediação onde, de forma clara e ordenada, é apresentado o modo de condução de um processo.

Nos capítulos cinco e seis são apresentadas as principais ferramentas da mediação, a importância da figura do mediador, com suas funções e papéis. Ainda no mesmo capítulo, abordamos a capacitação teórica e prática necessária para se tornar um mediador, além de ressaltarmos um dos quesitos mais importantes para o mediador que é a imprescindível supervisão. Enfocamos também a questão "mediação e advogados", pela legitimidade a eles atribuída eles no processo. Ainda neste capítulo aparece o tema da ética para mediadores, onde os leitores podem se inteirar dos princípios éticos da Mediação.

No sétimo capítulo, são apresentadas as áreas de atuação da Mediação, e no oitavo, a legislação sobre a matéria.

Acreditamos assim, que este livro possa ajudar na capacitação e treinamento de mediadores e ajudá-los a dirimir dúvidas sobre o processo da mediação, de uma forma objetiva, instrutiva e informativa.

Boa leitura!

Lia Regina Castaldi Sampaio

MÉTODOS ALTERNATIVOS
DE RESOLUÇÃO DE CONFLITOS

A mediação é um dos vários métodos chamados de alternativos para a resolução de conflito e são considerados alternativos por se constituírem em opções ao sistema tradicional de justiça. Embora remontem a tempos antigos, após muitos estudos e pesquisas, que resultaram em uma nova formatação teórico-prática, foram adaptados à realidade das últimas décadas do século XX e ainda hoje continuam sendo constantemente aperfeiçoados. No Brasil, tanto a mediação quanto a arbitragem e a conciliação constituem-se os exemplos mais conhecidos desses métodos. Entretanto, é preciso enfatizar que eles não se esgotam nos exemplos que aqui apresentados, pois há uma série de outros – como a *med-arb*, a *arb-med*, a facilitação e a avaliação neutra de terceiro –, não tratados neste livro, pois sua prática ainda é muito incipiente no país, embora estejam em avançado estágio de desenvolvimento, principalmente nos Estados Unidos.

Os métodos aqui abordados são frutos de uma tendência liberal em todo o mundo, pois vários países, indistintamente e de modo muito peculiar, perceberam as dificuldades do formalismo judicial estatal e sua pouca aspiração diante do dinamismo exigido pelas diversas áreas do inter-relacionamento afetivo, profissional ou comercial entre pessoas físicas e jurídicas, e as consequentes dificuldades entre elas na gestão e na resolução de conflitos de maneira rápida, eficaz e eficiente. Há que se notar que essa tendência liberal mantém estreita relação com a retirada cada vez maior do Estado dos assuntos de interesse dos particulares, situando-se no bojo do reconhecimento da plenitude do cidadão como objeto de deveres e direitos, que por si só pode melhor administrar, transformar ou resolver seus próprios conflitos. Além disso, constatou-se também que as fórmulas tradicionais de resolução das controvérsias não satisfaziam mais os usuários do sistema, cada vez mais envolvidos em conflitos de distintas naturezas e formas, dada a complexidade das numerosas inter-relações existentes nos tempos atuais.

Negociação

A característica mais marcante de todos os métodos alternativos de resolução de conflitos é o emprego da negociação como instrumento primeiro e natural para solucionar os conflitos, ao qual muitas vezes recorrem seus agentes, mesmo de modo inconsciente, quando existe algo incômodo na inter-relação existente, seja ela de ordem afetiva, profissional ou comercial. Ao recorrer ao diálogo o que se tenta é atender ao reclamo de uma parte em relação à outra. Nesses casos, não existe – o terceiro –, imparcial e independente, pois a busca da solução se faz apenas por aqueles envolvidos na controvérsia, que recorrem ao diálogo e à troca de informações e impressões. Poderíamos dizer, portanto, que a negociação é a primeira instância da tentativa de resolução de conflitos, pois, uma vez diante de uma solução que atenda a ambas as partes, o conflito está resolvido. Portanto, a definição mais adequada, com base em uma concepção mais imediatista e superficial da negociação, como primeira maneira para a resolução de conflitos, seria o que pega Willian Ury: um "meio básico de se conseguir o que se quer de outrem".

Howard Raiffa, autor do célebre livro *Arte e ciência da negociação*, por sua vez, identificou dois tipos de negociação:

• **distributiva** – na qual as partes com posições opostas procuram maximizar seu ganho uma em relação a outra. Nessa negociação, as partes visam pura e simplesmente a alcançar seus objetivos.

• **integrativa** – nesta são considerados e discutidos outros elementos da inter-relação entre as partes, além daquele que deu origem à negociação propriamente dita, tentando integrar aqueles elementos facilitando as metas de cada uma das partes.

O Projeto de Negociação da Harvard Law School foi o grande inovador desse primeiro passo para aquelas pessoas que desejam resolver seus conflitos pelo diálogo. Resultante de ampla pesquisa, identificou dois perfis básicos de negociador: um denominado afável – aquele que sempre faz concessões, troca de posições constantemente, pois procura preservar o relacionamento, uma vez que identifica a outra parte como parceira; e outro chamado rígido – pois nunca muda de posição, tenta vencer todas as disputas, pensa apenas em si mesmo e vê a outra parte como um oponente a ser combatido.

Com base nesse diagnóstico, notou-se que os negociadores mais eficazes eram justamente os que mantinham uma posição rígida, centrada no problema, pois é este que deve ser atacado, e não as pessoas, as quais devem ser respeitadas em suas limitações e dificuldades, sendo o trato com elas o mais afável possível.

Os pesquisadores também concluíram que o ser humano é por natureza um negociador que recorre quase inconscientemente ao instrumento da negociação. Com base nessa avaliação, foi possível desenvolver outro conceito do instituto da negociação, ou seja, passou-se a levar em conta uma forma de "comunicação bidirecional concebida para chegar a um acordo que atenda aos interesses comuns e opostos das partes".

Por essa razão, Roger Fisher, Bruce Paton e Willian Ury, lançaram as bases de uma negociação estruturada, denominada negociação por princípios, ou, como muitos a chamam, negociação cooperativa. Identificaram ainda, uma das maiores dificuldades desse instrumento está justamente no ponto inicial do processo, ou seja, no que se convencionou chamar de posições. Isto é, eles sustentam que o objetivo da negociação não é atingir a meta determinada de uma ou de outra parte (posição), mas, sim, atender aos interesses comuns e opostos das partes, subjacentes e ocultos pelas posições.

Para auxiliar as pessoas a compreender o tipo de interação que se estabelece em uma negociação, os autores pensaram em outras técnicas, entre as quais se destacam a separação das pessoas e o problema, a criação de opções e valores e os critérios objetivos.

A eficácia demonstrada por esses instrumentos na negociação levou à estruturação do primeiro modelo mundialmente conhecido de mediação facilitativa, com forte tendência pragmática. Tal modelo será tratado mais adiante.

Como dito anteriormente, as pessoas, sejam físicas ou jurídicas, quando se envolvem em conflitos adotam determinadas posições acreditando que estas são a melhor forma de obter uma solução para o problema, não apenas de acordo com sua perspectiva, mas também com a da outra parte. Esse fato restringe o campo de atuação da negociação que não atinge o resultado defendido pela escola norte-americana de Harvard, que é resultante, segundo apontam os autores, de um modelo impositivo de uma vontade sobre a outra, que gera a competição. Por isso não é difícil entender, e prever, que fatalmente as pessoas, diante de um insucesso, recorrerão a advogados, para que estes acionem o Estado, que providenciará um juiz para "impor" uma decisão e uma vontade sobre a outra.

Sistema judicial

Quando as partes envolvidas em uma negociação direta não se entendem, terceirizam a solução do conflito constituir um advogado – que recorrerá à prestação jurisdicional do Estado para resolver a disputa. Para tanto, esse profissional levantará todas as informações necessárias a fim de dar início ao processo judicial, cujo objetivo é um só: convencer outra pessoa, dotada de poderes coercitivos delegados pelo Estado, para, de acordo com a legislação em vigor, a ordem pública e os bons costumes, dar seu parecer definitivo, vinculativo e normativo para as partes.

Este parecer na verdade nada mais é do que a decisão de um juiz togado, uma vez que se trata da primeira instância, que pode, entretanto, ser revisto por instâncias superiores, a pedido de uma ou de ambas as partes. Em geral, esse trâmite demanda anos ou mesmo décadas para que se chegue a uma definição. Dessa forma, se está diante de um dos maiores paradigmas da sociedade atual: levar ao Judiciário todos os conflitos para que este defina quem tem razão, a quem assiste a lei e de que lado o direito está.

Aqui cabe ressaltar que o exposto no parágrafo anterior deve ser compreendido como uma constatação facilmente identificável na realidade atual e não como uma crítica a essa realidade. Nesse ponto, cabe tecer alguns comentários sobre os resultados dessa terceirização da resolução de conflitos, mas é importante destacar que os Métodos Alternativos não foram criados para substituir o método tradicional de utilização do sistema judicial ou para descongestioná-los, como muitos defendem, mas, sim, para propiciar outro caminho, outra opção, outra alternativa de resolução de seus conflitos para as pessoas físicas ou jurídicas que buscam soluções diferenciadas, específicas e, talvez, especializadas para suas distintas inter-relações. Caminho, opção ou alternativa mais pacífica que prima por meios menos formais e, acima de tudo, prescinde da negociação para que todo seu processo seja impulsionado.

Um desses métodos, como mencionamos, é a arbitragem, que, muito embora se constitua um instrumento extrajudicial, é híbrido por demandar momentos informais, como a negociação entre as partes e seus advogados, e momentos formais, como a apresentação de provas, de testemunhas, prazos, sentença etc., nos mesmos moldes do sistema judicial.

Arbitragem

A arbitragem é um meio de resolução de controvérsias, referentes a direitos patrimoniais disponíveis, no qual ocorre a intervenção de um terceiro independente e imparcial, que recebe poderes de uma convenção denominada arbitral para decidir por elas, sendo sua decisão equivalente a uma sentença judicial. Trata-se de um instituto milenar, pois há registros de seu emprego no ano de 3000 a.C. na Babilônia, onde era utilizada para dirimir conflitos entre Estados soberanos. Historiadores relatam seu uso na Grécia e na Roma antigas. Na Idade Média seu emprego foi amplo, sobretudo entre os cristãos, que não confiavam na justiça laica, recorrendo à arbitragem para dirimir conflitos entre seus seguidores, o que também pôde ser verificado no período da Revolução Francesa. No Brasil, as Ordenações Filipinas e Manuelinas e a Constituição do Império (1824, art. 60) já admitiam a existência da arbitragem, tornada obrigatória em nosso direito pelo Código Comercial de 1850, que estabeleceu, em alguns de seus dispositivos, o arbitramento obrigatório (art. 294), das causas entre sócios de sociedades comerciais, durante a vigência da sociedade ou da companhia, em sua liquidação ou partilha, regra reafirmada no art. 348. O Regulamento 737, do mesmo ano, conhecido como primeiro diploma processual brasileiro codificado, previa em seu art. 411 que o juízo arbitral seria obrigatório se as causas comerciais o fossem. Entretanto, ambos foram revogados pela Lei 1.350, de 1866. Antes do advento da Lei 9.307, sancionada em 23.09.1996 a arbitragem estava prevista nos arts. 1.037 a 1.048 do Código Civil brasileiro e nos arts. 471, 1.072 a 1.102 do Código de Processo Civil.

Referida lei deu grande impulso ao instituto e retirou os obstáculos que dificultavam seu uso no país, principalmente os mais importantes, como:

1) a dispensa da homologação judicial da sentença arbitral, que passou a ter a mesma eficácia da sentença judicial;

2) o efeito vinculante da cláusula compromissória para instaurar a arbitragem, efeito este inexistente anteriormente; e

3) a dispensa da dupla homologação para o reconhecimento e a execução das sentenças arbitrais estrangeiras.

Ao retirar os obstáculos que dificultavam o uso da arbitragem no Brasil, a Lei 9.307/96 incentivou e possibilitou a ampliação do número de instituições arbitrais e dos casos por estas administrados. Dados do Conselho Nacional das Instituições de Mediação e Arbitragem (Conima) apontam que, de 1999 a 2004, o número de casos chegou a 19.995 e o número de instituições saltou de 18 em 1997 para 79 em 2004.

Tal evolução da arbitragem no país, infelizmente, tem esbarrado em atividades de entidades e pessoas imbuídas de má-fé ou de total desconhecimento dos princípios éticos e jurídicos previstos na Lei de Arbitragem. Desde 2001 a imprensa vem noticiando a existência de instituições inidôneas que comprometem o trabalho sério e persistente de instituições que há muito se empenham em disseminar a cultura da arbitragem no Brasil. Trata-se de instituições que, utilizando-se de nomenclaturas, siglas, emblemas, brasões da República etc., tentam confundir o usuário do instituto da arbitragem, levando-o crer que está encaminhando suas controvérsias a órgãos públicos regulados pela Lei de Arbitragem.

A arbitragem instala-se por força de um instrumento chamado convenção arbitral, que pode ser uma cláusula denominada com promissória ou arbitral, e é expressa em um contrato em que as partes se comprometem a levar os conflitos decorrentes do contrato à arbitragem. Essa cláusula afasta a competência primária da jurisdição estatal. Pode ser também outro instrumento chamado compromisso arbitral no qual as partes submetem um conflito à arbitragem. A diferença entre ambas reside no fato de que a primeira existe por força de um contrato e é preventiva, e a segunda pressupõe a existência de um conflito e deve seguir regras, bem como atender a requisitos determinados pela lei, o conflito será solucionado por um árbitro, ou por qualquer pessoa física capaz, de confiança das partes.

Deve-se destacar que uma arbitragem é instituída quando se aceita a nomeação pelo árbitro, se for único, ou por todos, se forem três. E quando for instituída, há que resultar em uma sentença arbitral, que deve ser prolatada, salvo convenção das partes, no máximo em 180 dias a contar de sua instituição. Constitui título executivo judicial, não cabendo, entretanto, recurso a instância superior.

Também é preciso salientar que o mesmo diploma legal permite em três momentos específicos a possibilidade de as partes se entenderem e se conciliarem durante o processo. Tal fato oferece o enfoque menos formal do processo e privilegia o princípio da autonomia das vontades, ao mesmo tempo promovendo a pacificação dos contendores e a possibilidade de utilizarem um momento de tentativa de composição entre si.

Conciliação

Em todos os países de língua latina é notória a existência do paradigma de que a justiça ou o acesso à justiça é sinônimo de recorrer ao Poder Judiciário para que este delibere sobre as questões. Tal fato leva à ilusão de que o sistema judicial atende a todos os direitos, interesses e necessidades dos cidadãos. Com isso, fica de lado a possibilidade de alcançarem seus objetivos pelo emprego de outros instrumentos mais pacíficos, cuja característica básica é a negociação.

A falta de tradição, nestes países, de soluções negociadas para os conflitos leva a compreensões equivocadas do que são os institutos da mediação e da conciliação. Os dois instrumentos são confundidos e, muitas vezes, considerados sinônimos, pois ainda há muito desconhecimento sobre as características particulares de cada um deles. A distinção entre ambos passa, inicialmente, pela abordagem do conflito. A conciliação é um procedimento mais célere e, na maioria dos casos, restringe-se a uma reunião entre as partes e o conciliador. Trata-se de mecanismo muito eficaz para conflitos em que inexiste entre as partes relacionamento significativo no passado ou contínuo a futuro, portanto, preferem buscar um acordo de forma imediata para pôr fim à controvérsia ou ao processo judicial. Está mais fortemente ligada ao Judiciário, pois, na maioria dos países latinos, a conciliação tem previsões legais contidas nas leis processuais. Poderíamos citar como exemplo o Brasil, a Argentina, a Espanha, Portugal, Cabo Verde e Angola, países cujo Código de Processo Civil estabelece que o próprio juiz deve tentar compor as partes antes de tomar uma decisão.

O importante é enfatizar que a conciliação é muito rápida, pois não requer o conhecimento da inter-relação das partes em conflito, já que ele inexiste. É o caso de abalroamento de veículos ou de relação de consumo, em que as partes não convivem, mas precisam de um terceiro apenas para ajudá-las a refletir sobre qual seria a melhor solução para a controvérsia e se valeria a pena enfrentar a outra parte de forma litigiosa. Por isso, muitos autores destacam que o conciliador pode apresentar sugestões, pois seu objetivo é evitar os desgastes de uma batalha judicial. Uma vez que o terceiro não tem vínculos com nenhuma das partes, poderá atuar com mais liberdade e fazê-las refletir sobre as sugestões apresentadas, que nunca são impositivas ou vinculativas. Nesse sentido, o objetivo maior da conciliação é a composição das partes para pôr fim à demanda, quer judicial, quer extrajudicial. Em outras palavras, a conciliação visa ao acordo tão somente para pôr fim à demanda, pois as partes se conscientizam de que o acordo evitaria futuros problemas entre elas.

Finalizando este tema, é bom lembrar que a conciliação nos moldes acima, é tratada como método de resolução de conflitos e não uma simples audiência, para reduzir a pauta dos juízes.

Mediação

A mediação difere da conciliação em diversos aspectos. Nela o que está em jogo são meses, anos ou mesmo décadas de relacionamento, razão pela qual demanda que o terceiro tenha conhecimento mais profundo sobre a inter-relação entre as partes. O mediador, para poder melhor auxiliá-las nas questões controversas, deve ter mais tempo para investigar toda a complexidade daquela inter-relação.

É bom lembrar que a mediação, entretanto, não visa pura e simplesmente ao acordo, mas a atingir a satisfação dos interesses e das necessidades do envolvidos no conflito. Em outras palavras, a mediação é um método de resolução de conflitos em que um terceiro independente e imparcial coordena reuniões conjuntas ou separadas com as partes envolvidas em conflito. E um de seus objetivos é estimular o diálogo cooperativo entre elas para que alcancem a solução das controvérsias em que estão envolvidas. Com esse método pacífico tenta-se propiciar momentos de criatividade para que as partes possam analisar qual seria a melhor opção em face da relação existente, geradora da controvérsia. Nesse sentido, como salienta Christopher W. Moore, o acordo passa a ser a consequência lógica, resultante de um bom trabalho de cooperação realizado ao longo de todo o procedimento, e não sua premissa básica.

O procedimento da mediação tem com ponto de partida a humildade do profissional coordenador do procedimento para com os mediados, uma vez que os atores envolvidos no conflito são os mais indicados para solucionar suas questões, pois sabem o que é melhor para eles próprios, embora seja o momento conflituoso o elemento que dificulta colocar em prática esse conhecimento, cabe, ao terceiro, auxiliar nesse sentido. Essa humildade, segundo Juan Carlos Vezzulla, parte do pressuposto de que o mediador tem consciência de que não sabe nada acerca da realidade dos envolvidos no conflito, por isso sua atuação está centrada no auxílio e no respeito por todos. Inclui a busca da responsabilidade não somente gerada na inter-relação, mas também no que virá a futuro, nascendo assim a responsabilidade dos compromissos assumidos no decorrer e posteriormente ao procedimento Por isso, na mediação eventuais sugestões por parte do mediador não são recomendáveis, como prega Luis Alberto Warat, pois corre-se o risco de este se encontrar em um nível mais elevado do que as partes, que naquele momento enfrentam dificuldades em gerir e resolver o conflito.

Costuma-se dizer que o procedimento é célere. Na verdade ele é extremamente rápido se comparado aos demais procedimentos extrajudiciais, como a arbitragem ou mesmo os processos judiciais; mas mais lento que a conciliação, pois a mediação demanda mais do que uma única reunião. A determinante com relação ao tempo é decorrente das partes, às quais cabe indicar disponibilidades, possibilidades e interesses, pois são a matéria-prima básica dessa atividade.

Como no Brasil a mediação não tem ainda uma lei específica, sua prática e fundamentação teórica têm-se estruturado segundo a experiência e a formação do profissional que intervém como mediador.

É um campo profissional que se beneficia da multidisciplinaridade, geradora de uma interação interdisciplinar em busca de soluções transdisciplinares.

A prática da mediação tem enfoques diferentes que dependerão da natureza do conflito e das experiências e dos recursos de quem intervém como mediador. Por exemplo, a estratégia de um mediador, que como profissão de origem é advogado, será um pouco diferente da de um mediador que como profissão de origem, é psicólogo, para resolver problemas entre familiares por uma herança. Isso não quer dizer que um seja melhor do que o outro; mas que cada um terá uma visão diferenciada do problema, que poderá contribuir na mediação e, melhor ainda, na co-mediação.

Assim sendo, a natureza do conflito e a capacitação do mediador é que definem os diferentes estilos de prática da Mediação.

Ainda que apenas para efeitos didáticos, tem havido um esforço para distinguir as formas diferentes de atuar como mediador: na prática elas interagem e se complementam para ampliar seus resultados. É por esse motivo que os autores nem sempre coincidem na maneira de categorizar os modelos de prática de mediação.

De forma geral, pode-se falar de um modelo *tradicional*, proveniente do campo empresarial, centrado na satisfação individual das partes e que visa à obtenção de um acordo. Este é o modelo da *escola de Havard*, que separa as pessoas do problema; enfoca os interesses e não as posições; cria opções para benefício mútuo e insiste nos critérios objetivos.

Tem-se o modelo *transformativo*, desenvolvido por Bush e Folger, que vê como êxito a transformação das pessoas no sentido do crescimento da revalorização pessoal e do reconhecimento da legitimidade do outro. O acordo é encarado como uma possibilidade e não como uma finalidade. Este modelo é fundamentado na Teoria Sistêmica.

Outro modelo de Medição é o *Circular-narrativo* desenvolvido por Sara Cobb e Marinés Suares, em que a fundamentação se faz na comunicação e na causalidade circular, cuida-se dos vínculos e fomenta-se a reflexão, possibilitando a transformação de uma história conflitiva em uma história colaborativa.

Como ter acesso a um mediador ou a um árbitro

Apresentadas as noções gerais sobre os métodos alternativos de resolução de disputas, vejamos agora como os cidadãos brasileiros poderão usufruir dos serviços prestados por profissionais de resolução de conflitos, mais especificamente mediadores e árbitros.

Atualmente, no Brasil, existem profissionais com larga experiência na área que desenvolvem seu trabalho de forma independente ou, juridicamente falando, de maneira ad hoc. Isto é, esses profissionais não estão ligados a nenhuma instituição de resolução de conflitos, a nenhuma Câmara de Mediação e Arbitragem.

Para estes, recomenda-se que os usuários busquem conhecer as áreas de atuação daquele mediador ou daquele árbitro, e assegurem-se de que se trata de uma pessoa idônea que irá auxiliar ou resolver a disputa de maneira competente.

Além disso, desde 1996, como já citado, o país tem apresentado um crescimento muito elevado de Câmaras de Mediação e Arbitragem. Tal fato decorre de a Lei de Arbitragem haver inserido tal possibilidade por conta da iniciativa privada. Assim é que outra maneira de utilizar a mediação ou a arbitragem é conhecer os serviços prestados por essas instituições, bem como seu regulamento e os profissionais que lá se encontram.

III
CONFLITO

Todos os organismos vivos buscam o que se denomina "homeostase dinâmica" (autorregulação), uma tendência a manter seu estado e, simultaneamente, cumprir o ciclo vital de sua evolução. Em outras palavras, o conforto de uma situação já conhecida, mesmo que traga algumas preocupações, se antepõe ao desconhecido de uma futura situação ainda não vivenciada que necessita sê-lo sob pena de se sucumbir ao comodismo e à não evolução. Há, portanto, um conflito inerente à vida, presente nos organismos, por meio do qual a evolução se processa.

O nascimento de uma criança constitui um exemplo típico de um conflito, presente no ciclo vital: há a tendência a permanecer no conforto intrauterino, porém a evolução solicita que se enfrente o desafio de vir à luz, com todos os desconfortos ou mesmo confortos que isso acarreta. Daí em diante, o conflito não mais abandonará aquele ser, porque se encontra presente, de modo intrínseco, em todas as relações e relacionamentos. Falar de conflito é falar de vida.

No início do século XX, o homem descobriu o **psiquismo inconsciente**. Percebeu que tem desejos e pensamentos que atuam sobre sua consciência, e influenciam sua percepção, pensamentos e atitudes. Descobriu que o inconsciente trabalha, sem a menor possibilidade de controle. Por exemplo, a pessoa exprime o desejo de obter determinada coisa, e na realidade faz tudo ao contrário... É a luta entre a busca da satisfação das necessidades e a real possibilidade de realização. Todos estão determinados pelo nosso inconsciente. A importância da compreensão desse conceito é fundamental para o conhecimento mais aprofundado do conflito, pois as pessoas sempre depararam com discursos concretos e fechados das posições, em que existem, subliminarmente, desejos inconscientes e conscientes, ou seja, os interesses e as necessidades, que na realidade são os verdadeiros motivadores da existência dos conflitos.

Ao longo de sua vida o ser humano busca permanentemente satisfazer suas motivações e, para tanto, estabelece relações afetivas, profissionais e comerciais com uma ou outra pessoa, as quais se encontram na mesma situação, isto é, buscam também satisfazer suas motivações. Assim é que todo relacionamento contém, implicitamente, um

contrato psicológico, baseado nas expectativas tácitas, conscientes e inconscientes que cada pessoa tem a respeito das outras nele envolvidas. O contrato psicológico pode existir entre duas pessoas ou pode ser também coletivo, como nas equipes de trabalho em organizações etc. Ele implica que cada pessoa, no desempenho de determinado papel ou função, também tenha expectativas, explícitas ou implícitas, em relação a uma série de coisas.

Exemplos de contratos psicológicos tácitos

NAS ORGANIZAÇÕES

Por parte do empregado: promessas de salários ou vencimentos, de jornada de trabalho, de benefícios ou privilégios vinculados a um emprego, de garantias de não ser despedido inesperadamente etc.

Por parte dos dirigentes: expectativa de que os empregados contribuam para melhorar a imagem da empresa, de que sejam leais, de que mantenham segredos profissionais etc.

NAS FAMÍLIAS

Na relação familiar espera-se: fidelidade, respeito, compreensão, atenção etc.

Os conflitos, naturalmente, aumentam em complexidade ao longo da vida e, entre outros, são decorrentes, como citado anteriormente, de:

- relações interpessoais efetuadas em contextos cada vez mais complexos;
- ampliação da rede e da quantidade de relacionamentos decorrentes do aumento contínuo de possibilidades de ofertas;
- diversidade de situações; e
- conscientização crescente dos direitos individuais e coletivos etc.

Mudança nos contratos psicológicos

A violação nos contratos psicológicos constitui um conflito comum, pois há de se lembrar que com o tempo ocorrem mudanças nas expectativas e nos interesses das pessoas e das organizações. O que um empregado almeja aos 25 anos de idade pode ser completamente diferente daquilo que almejará aos cinquenta anos. A expectativa mútua de cônjuges na faixa dos trinta anos pode diferir bastante daquelas de cônjuges na faixa dos sessenta anos. O contrato psicológico, embora não explícito, constitui um fator de grande influência no comportamento das pessoas.

A **mudança** é a causa-raiz de todos os conflitos, sejam familiares, organizacionais, societários, comunitários, sejam comerciais, internacionais etc. Quando algo ou alguém intervém em um sistema, que pode ser desde um indivíduo até uma sociedade completa, surge uma mudança e em consequência dela algum tipo de conflito.

Elementos envolvidos em mudanças

• relacionamentos interpessoais;
• bens, compreendendo patrimônio, direitos, haveres pessoais etc.;
• poder, em suas diferentes acepções;
• princípios, valores, crenças de qualquer natureza: políticas, religiosas, científicas etc.

Tipos de mudanças

• *Parcial:* para uma parte e absoluta para outra. Por exemplo, uma demissão (parcial para a empresa e absoluta para o funcionário).
• *Gradativa*: são apreciadas porque reduzem os impactos de implantação, mas existe o perigo de se eternizarem. Por exemplo, o casal cuja residência encontra-se em contínua reforma... que jamais termina.
• *Paradigmática*: há uma transformação de um paradigma de conhecimento, desencadeando-se, por consequência, outras transformações em cascata. Esse tipo de mudança tem grande importância, porque, muitas vezes, constitui a chave para a resolução de um conflito instalado, decorrente da cristalização das percepções em torno de eventos, fatos, conceitos ou agressões a contratos psicológicos estabelecidos em condições ultrapassadas.

Os efeitos da mudança

A mudança afeta a percepção do "eu" que cada indivíduo possui. Essa percepção é uma complexa soma de elementos, como:

- corpo (físico e fisiológico);
- afetos;
- relacionamentos;
- propriedades materiais;
- valores morais e éticos;
- crenças;
- experiências;
- identidade profissional;
- competências e habilidades etc.

Conflito e comunicação

A comunicação nas inter-relações reflete os mecanismos de pensamento envolvidos nos processos de emissão e recepção dos estímulos (verbais ou não) e encontra-se diretamente associada às construções mentais advindas da experiência, dos conceitos e preconceitos e das intenções dos envolvidos.

Comunicação e emoção encontram-se intrinsecamente interligadas. A emoção delimita, restringe ou amplia a intenção do comunicador e a compreensão do receptor. Assim é que quando existe um conflito, seja ele latente ou manifesto, o fluxo natural do diálogo é interrompido. Tal fato acarreta falhas de comunicação, que muitas vezes resultam em interpretações equivocadas ou intenções atribuídas que levam a mais conflitos manifestos.

Tais elementos são fundamentais para o estudo do conflito, pois a comunicação entre as pessoas é um elemento a ser permanentemente entendido em uma perspectiva histórica entre elas.

Além disso, todo e qualquer conflito envolve um elemento importante na vida das pessoas, o poder. O poder da mudança. O poder de fazer as coisas evoluírem sob sua própria ótica.

O poder de influenciar pessoas e o de ser influenciado por elas.

Conflito e o poder

Grandes diferenças de poder em uma relação tendem a provocar mais conflitos, ocasionados pela repressão do mais fraco pelo mais forte.

Classificação do poder

• **Poder físico**: que se impõe pela força; encontra-se com muita frequência em conflitos familiares, notadamente em casos em que o homem agride fisicamente a mulher e esta se submete, por medo de que a agressão se repita.

- **Poder econômico**: utiliza em seu exercício a força proporcionada pela posse de recursos (bens ou capital), muitas vezes exercida indiretamente, o que torna mais complexa sua identificação.
- **Poder da informação**: por sua capacidade de criar novos conceitos, alertar para fatos e acontecimentos, estabelecer referências e sugerir novas percepções.
- **Poder de ordem emocional**: talvez um dos mais difíceis de enfrentar, por sua característica subjetiva, pois aparece de várias formas, às vezes difíceis de detectar.

O conflito não se instala na vida das pessoas físicas ou jurídicas da noite para o dia. Ele cumpre, como qualquer elemento vital, um ciclo. Rummel identificou as fases em que ele se instala e como o ser humano busca geri-la.

Fases do conflito

- Conflito latente: presente na estrutura do conflito, mas não se encontra manifesto. Ele acarreta determinado desconforto interno que exige determinada mudança sob pena de essa pessoa se considerar infeliz.
- Iniciação: instala-se a situação de conflito, com a manifestação de uma vontade que se contrapõe a outra vontade.

• Busca de equilíbrio do poder: sucedem-se as ações das partes.
• Equilíbrio do poder: pode beneficiar uma ou outra parte.
• Ruptura do equilíbrio: quando uma parte procura provocar mudança a seu favor em detrimento da outra.

Existem numerosos autores de diferentes áreas que oferecem muitos conceitos relativos ao conflito; todos apresentam enfoques distintos originários de determinadas crenças e valores. De forma mais simples pode-se defini-lo como um conjunto de propósitos, métodos ou condutas divergentes, que acabam por acarretar um choque de posições antagônicas, em um momento de divergências entre as pessoas, sejam físicas, sejam jurídicas. O choque de posições citado é fruto da conscientização de que a situação vivenciada pela pessoa a deixa desconfortável e a faz solicitar a outra a possibilidade de mudança. Mudança é toda e qualquer modificação da realidade vivenciada naquele momento. Não há conflito sem mudança. A mudança, ou a perspectiva dela, conduz ao conflito, ainda que nem toda mudança ocasione um conflito.

Conteúdos do conflito

CONTEÚDO MANIFESTO OU **POSIÇÃO**
CONTEÚDO REAL OU **INTERESSE/NECES-SIDADE**

Por exemplo: o empregado que luta para obter maior salário (**posição**) pode, de fato, estar preocupado em manter seu poder aquisitivo para assegurar que os filhos continuem a estudar em escola de bom nível (**interesse**).

Posições e interesses, portanto, são centrais no tratamento que o processo de mediação dará ao conflito. Elementos emocionais encontram-se presentes, fazendo que as partes não consigam identificar, esclarecer ou externar seus interesses, limitando a discussão ao campo da barganha de posições.

A psicossomática e o conflito

O desequilíbrio de um ou mais desses elementos por consequência de uma mudança conduz a um conflito. Em outras palavras, o "eu" compõe-se de "ser" e "ter", nas mais variadas formas e proporções.

Toda mudança pode provocar reflexos no "eu" de um indivíduo, e isso provoca um desequilíbrio e, portanto, um conflito.

O conflito pode estar associado a relacionamentos com outros indivíduos e pode também ser administrado em foro íntimo, sem que outra pessoa tome conhecimento dele, somatizando ou não o conflito, por exemplo. A **psicossomática** explica que se o conflito não for elaborado psiquicamente, ele precisará de um canal de escoamento, e o corpo tem a função de "receber" o conflito mediante a resolução possível, isto é, em um sintoma, e em estágio mais avançado, pela instalação da doença ou patologia. Por outro lado, o conflito pode manifestar-se na forma de desentendimentos com outras pessoas. Qualquer que seja a forma como ele se manifesta, poderá servir para o desenvolvimento da pessoa, ou para prejudicá-la de diferentes formas.

Na **moderna psicossomática**, o conceito evoluiu para o estudo da pessoa como **ser histórico**, um sistema único constituído por três subsistemas: **o corpo, a mente** e o **social**, ou seja, o ser humano considerado **ser biopsicossocial** (de forma holística, que vem de *holos*, todo).

É fundamental levar em consideração a totalidade do ser humano e das circunstâncias que o rodeiam para termos uma compreensão mais ampla dos processos de adoecer. A totalidade surge quando levamos em conta a pessoa – **o doente** – e não a doença. Daí, a tendência atual da psicossomática de compreender os processos de adoecer, não como um evento casual da vida de uma pessoa, mas, sim, representando a resposta de um sistema, de uma pessoa que vive em sociedade.

O estudo e a compreensão da biografia do indivíduo nos permitem perceber por que os fenômenos humanos têm sempre uma motivação, que nada acontece por acaso. Assim, o processo de adoecer deixa de ser um evento casual e passa a ser integrado à sua biografia. O indivíduo, no decorrer de seu desenvolvimento, constrói e estrutura formas de ser e reagir aos diferentes estímulos aos quais pode ser submetido a fim de manter a homeostase do sistema humano.

O homem é capaz de responder às ameaças simbólicas decorrentes da interação social, e não apenas às ameaças concretas (biológicas, como os microrganismos, e/ou físicas e químicas). Assim, situações como quebra de laços familiares e da estrutura social, privação de necessidades básicas, obstáculos à realização pessoal, separação, perda do emprego, viuvez, aposentadoria, dificuldades na equipe de trabalho e com o superior, entre outras, são tão potencialmente danosas à pessoa quanto os fatores concretos já citados.

PRINCIPAIS NORTEADORES DA MEDIAÇÃO

Os principais norteadores do processo de mediação são:

• **Autonomia da vontade das partes** – O caráter *voluntário* do Processo de Mediação deve ser entendido no patamar máximo em que essa expressão é compreendida. Significa garantir às partes o poder de optarem pelo processo uma vez conhecida essa possibilidade, administrar o conflito da maneira que bem desejarem ao estabelecer diferentes procedimentos e total liberdade de tomar as próprias decisões durante ou ao final do processo. Esse norteador também expressa o eventual poder que cabe às partes de decidir sobre os assuntos a serem abordados ao longo de todo o processo. Significa, outrossim, que o mediador deve assegurar a plena autonomia das partes durante a mediação, recusando sua eventual nomeação quando essa autonomia eventual estiver sendo afetada ou posta em causa.

• **Imparcialidade** – Ao mediador impõe-se o dever de procurar compreender a realidade dos mediados, sem que nenhum preconceito ou mesmo valores pessoais venham a interferir em sua intervenção. Ele deve se abster de qualquer ação ou conduta, seja verbal, para verbal ou não verbal, que aparente qualquer tipo de preferência entre os mediados. Para tanto há que cuidar permanentemente do devido equilíbrio de poder entre elas.

• **Independência** – Refere-se ao mediador, uma vez impossibilitado de levar à frente o processo de mediação quando existem ligações anteriores com as partes. Entende-se também como a obrigatoriedade de revelar às partes a existência de fato anterior que permita eventual dúvida sobre independência dele antes de aceitar o encargo de mediar as partes. Além disso, pressupõe a continuidade do dever do mediador em se manter equidistante das partes durante todo o processo. No sentido ora apresentado, cabe salientar o disposto no n°. 5 do art. 5° da Lei Modelo da Uncitral sobre Mediação e Conciliação Comercial Internacional, aprovada em Assembleia Geral em 2002. O referido artigo assim determina:

"Artigo 5. Número e designação de mediadores/conciliadores

5. A pessoa que for nomeada como mediador/conciliador deverá revelar todas as circunstâncias que possam dar lugar a dúvidas justificadas acerca de sua imparcialidade e **independência**. O mediador/conciliador revelará sem demora tais circunstâncias às partes, a menos que já o tenha feito".

• **Credibilidade –** As partes, ao elegerem o processo de mediação como instrumento de resolução de seus conflitos, o fazem em razão de nele acreditarem. Ao mediador cabe a tarefa de manter esse atributo com relação ao processo; porém, com o decorrer de suas etapas iniciais, deve chamar essa credibilidade para si a fim de que possam abertamente falar sobre suas motivações, preocupações etc.

• **Competência –** Ao mediador cabe somente aceitar a tarefa de mediar quando tiver plena convicção de suas qualificações para atender os mediados em seus questionamentos, preocupações e expectativas Em outras palavras, a ele cabe o poder de decidir se reúne condições mínimas para fazê-lo durante todo o processo. Caso, em contato com as partes no início do processo, vislumbre qualquer dificuldade sua ou deslize de qualquer natureza, deverá declinar do processo. Treinamento, experiência em mediação, habilidades, entendimento das diferenças culturais e outras qualidades são habilidades fundamentais a um mediador, sendo o que o torna competente.

• **Confidencialidade** – O mediador deverá manter sob sigilo todas as informações, fatos, relatos, situações, documentos e propostas, não podendo fazer uso deles para proveito próprio ou de outrem. Da mesma forma, deverá garantir, quando de sua nomeação, que não testemunhará sobre nenhum dos elementos citados em processos subsequentes, direta ou indiretamente referentes àquela mediação. Tudo isso desde que a ordem pública não seja contrariada.

• **Diligência** – O mediador deverá desenvolver seu trabalho de maneira consciente, prudente e eficaz, assegurando todas as informações aos mediados, bem como as regras inerentes. Fazer uso também de todas as ferramentas derivadas dos vários saberes do ser humano, a fim de promover permanentemente o diálogo entre os mediados, devendo sempre buscar se atualizar e aperfeiçoar. Deverá também conduzir o processo com estímulo a atitudes diligentes, oportunas, seguras, a fim de promover a participação efetiva das partes.

Além disso tudo, devem-se enfatizar outros norteadores que dispensam esclarecimentos: **boa-fé, respeito, equidade, celeridade, cooperação e informalidade.**

• Acolhimento das emoções dos mediados – Por se tratar de tema que exige extremo cuidado, estudo aprofundado, apurada percepção por parte do mediador e devido reconhecimento, legitimação e acolhimento, cabe neste ponto incluí-lo como princípio norteador do instituto da mediação. Para tanto, a seguir apresentamos noções gerais baseadas em estudos de conhecidos autores.

Segundo Kaplan e Sadock, a emoção é conceituada como "um complexo estado de sentimentos, com componentes somáticos, psíquicos e comportamentais, relacionados ao afeto e ao humor". O *afeto* é a experiência da emoção observável, expressa pelo indivíduo, enquanto o *humor* é vivenciado subjetivamente. Portanto, o afeto apresenta correspondentes no comportamento: gesticulação, voz etc. Do humor só se podem obter informações questionando-se a pessoa, pois se trata de experiência interior, subjetiva, que tem relação com a percepção de mundo do indivíduo.

Para Jung a emoção tem a primazia sobre a razão: "a emoção é a principal fonte de consciência". Perls considerava a "emoção como a força que fornece toda a energia para a ação". Reich acreditava que a experimentação plena dos sentimentos positivos ocorreria se o indivíduo lidasse, inicialmente, com as emoções negativas. A estratégia de criar boas percepções é proveitosa por este motivo: ela desloca as emoções negativas e muda a relação nas percepções dos indivíduos.

Ao estudar a emoção, deve-se considerar que ela não é uma entidade com significado próprio. Em vez disso, ela adquire seu significado no contexto de sua utilização. Assim, o *amor* tem um significado em um lugar, em determinado tempo, em uma cultura específica, assim como, em outro lugar, outro tempo e em outra cultura, seria diferente.

Componentes emocionais modificam a *sensação* e a *percepção*. A percepção recebe grande influência da emoção do momento: por exemplo, no que se interpreta de um acidente ou de uma briga. A emoção e o contexto imediato produzem percepções completamente diferentes para o mesmo estímulo: a interpretação de um acidente de trânsito dada por um familiar pode diferir completamente daquela dada por um observador neutro.

O estado emocional exerce poderosa influência sobre os mecanismos de *atenção seletiva*. A atenção atua no sentido de confirmar as percepções que se ajustam aos sentimentos da pessoa. A emoção atua sobre a *memória*, inibindo-a ou estimulando-a, dependendo da situação e das características do indivíduo. Pessoas embaralham-se ou esquecem-se de informações sabidamente conhecidas por elas, ainda que bem preparadas para um depoimento. Boas ações podem ser esquecidas e prevalecem as lembranças dos momentos ruins, por exemplo, durante o conflito que cerca uma separação etc. O indivíduo que se encontra deprimido ou muito triste, sem disposição para encarar os desafios do futuro, tende a não prestar atenção a inovações e oportunidades; quando se recorda de outras pessoas (chefes, colegas, clientes, fornecedores), as memórias ruins predominam. Pessoas alegres mostram-se mais dispostas a enfrentar novos desafios. A alegria levada ao extremo pode ocasionar dificuldade de concentração em tarefas imediatas.

O efeito da emoção sobre o pensamento e a linguagem é inquestionável; por exemplo, um mediado emocionalmente afetado que, em geral, pode não encontrar a melhor forma de se expressar.

Na mediação, como mencionamos, a expressão, o reconhecimento e o acolhimento da emoção têm fundamental importância, ainda que a intenção seja explorá-la em relação ao contexto do conflito, e não trabalhá-la com objetivos psicoterapêuticos. A recusa em participar de uma mediação pode ser creditada a emoções intensas que bloqueiam a comunicação, capazes de suscitar, no mediado, a percepção de que, ao fazê-lo, poderá ser interpretada como demonstração de fraqueza (Moore).

O mediador deve trabalhar para que, no transcorrer do processo de mediação, os mediados evoluam a fim de reconhecer a legitimidade das emoções do outro. Isso não significa concordar ou apreciar, mas trata-se de reconhecer o direito de cada um de ter sentimentos específicos.

Segundo Moore, as emoções devem ser consideradas desde o início do processo de mediação, para que mais tarde não venham a "bloquear" um acordo essencial ou inibir o estabelecimento de relacionamentos mais positivos. Por exemplo, um mediado pode estar dominado pela raiva e, por isso, apresentar-se demasiadamente tenso, a ponto de não conseguir reter as informações fornecidas pelo mediador. O excesso de tensão bloqueia a percepção, a atenção e a memória.

Muito embora o mediador não seja um terapeuta, ele deve estar familiarizado com as técnicas psicológicas para auxiliar as partes a lidarem com suas emoções. Moore assinala três passos distintos para responder a emoções intensas:

> • o reconhecimento de que uma parte tem uma emoção forte: o indivíduo pode aparentar apatia ou indiferença e, no entanto, estar apenas disfarçando a emoção;
> • o diagnóstico de emoção: a emoção disfarçada deve ser identificada: medo, ódio ou repulsa são emoções diferentes que requerem estratégias distintas; e
> • a escolha de uma estratégia de intervenção apropriada: o mediador bem preparado adota estratégias ajustadas à emoção e às características pessoais dos mediados.

As estratégias para lidar com as emoções devem considerar as características de personalidade dos envolvidos, além dos fatores socioculturais e dos condicionantes que o conflito específico impõe. Quanto maior for a interação com os mediados, mais fácil será para o mediador entender as emoções presentes. Em outras palavras, a estratégia do mediador deverá estar permanentemente centrada no acolhimento das emoções externalizadas ou naquelas que não o foram e estão sendo sentidas internamente pelos mediados. Neste último aspecto é dever do mediador promover sua externalização, mediante um ambiente acolhedor e cooperativo, para que sejam objetivadas, propiciando com isso que a outra parte escute e posteriormente reflita sobre os sentimentos manifestados.

Com o andamento dos trabalhos de mediação, os mediados aprenderão a identificar os interesses, separando-os das posições. Dirigida para os interesses, as emoções serão mais aceitas e mais bem entendidas. O mediador deve estar ciente de que explosões emocionais podem ocorrer durante o processo. O primeiro passo para administrá-las é não reagir a elas. Fisher, Ury e Patton recomendam o uso de gestos simbólicos, adequados à natureza da manifestação emocional. Para isso é importante que o mediador reconheça a diferença entre uma necessidade de desabafo e uma tática manipuladora, por exemplo. O mediador também deve reconhecer a diferença entre um comportamento provocado por frustração legítima, decorrente da dificuldade da situação ou da impossibilidade de progresso, e aquele resultante de uma agressividade destrutiva. Em cada uma dessas situações, diferentes emoções predominam, ainda que por curto espaço de tempo, aqueles que manifestam tal comportamento. Apenas a sensibilidade e a prática permitirão ao mediador identificar a natureza das emoções subjacentes.

Neste ponto convém lembrar o que se entende por emoções, que nada mais são que reações físico-químico-biológicas dos indivíduos ao responderem a determinados estímulos trazidos por outras pessoas ou relativos a fatos ou situações relatadas. Essas reações são naturais ao longo do processo de mediação, uma vez que se trata de temas de vital interesse das partes. Podem ser tanto conscientes quanto inconscientes.

DINÂMICA DA MEDIAÇÃO

O processo de mediação possui intrinsecamente um dinamismo que, para ser mais bem compreendido e situado, precisa ser decomposto em etapas.

Introdução

A mediação desdobra-se em oito etapas que devem ser percorridas pelos mediados em conjunto com o mediador:

1) Pré-mediação;
2) Abertura;
3) Investigação;
4) Agenda;
5) Criação de opções;

6) Avaliação das opções;
7) Escolha das opções; e
8) Solução.

A Pré-mediação é o primeiro momento de contato dos mediados com o processo. Nela se apresenta a minuta de contrato de prestação do serviço de mediação, bem como o modo em que este se realizará. É um momento importante para o nascimento da confiança no processo e para a posterior transferência dessa confiança para o mediador. Na **Abertura** o mediador fará de imediato esclarecimentos sobre o procedimento. Receberá o contrato de mediação já com as modificações ou assinaturas das partes e tentará conhecer, por intermédio de sua escuta ativa e atenta, as várias formas de comunicação. Durante a **Investigação** ele formulará perguntas para conhecer toda a complexidade da relação entre os mediados. Nessa etapa, o mediador aporta técnicas com o objetivo de trazer a reflexão e definir a controvérsia, as posições e, sobretudo, as motivações dos mediados. Em seguida, inicia-se a elaboração da **Agenda**, em que é indicado cada um dos temas que receberão tratamento específico e serão objeto de decisões futuras de maneira parcial ou total. Logo em seguida se inicia a **Criação de opções**, que requer a criatividade de todos. Nela se buscam eventuais opções de resolução. Quanto maior o número de opções, maiores serão as chances de possíveis soluções. Nesse momento, é firmado um compromisso entre todos, no qual as ideias apresentadas não serão objeto de avaliação, nem de tomada de decisões. Passa-se, então, para a etapa **Avaliação das opções**, em que se faz uma projeção no futuro das opções apontadas, com a análise de cada uma das possibilidades aventadas. Já na **Escolha das opções**, com o auxílio do mediador as partes deverão escolher as que melhor se adaptam às suas motivações entre as diversas opções e ideias apresentadas, não se esquecendo de sua viabilidade prática e jurídica. Em seguida, inicia-se a elaboração da **Solução ou das soluções**, mediante a elaboração conjunta do termo final de tudo o que os mediados escolheram e identificaram como resolução ou transformação.

Tais etapas constituem uma sequencia lógica e até mesmo simples e natural de um modo de se resolver diferenças entre as pessoas, mas aparta uma forma mais didática de administrar conflitos, pois são justamente as dificuldades, provocadas pelo desgaste emocional do processo, que dificultam sua gestão. Por isso, as pessoas necessitam de um terceiro imparcial e independente que as auxilie a geri-la. Cabe, portanto, ao mediador também ajudá-las a se capacitar. Por essa razão, muitos autores destacam como resultado de uma mediação a capacitação dos mediados em relação à administração do conflito. A identificação de etapas, fases, técnicas, estágios ou mesmo movimentos, como diversos autores enfatizam, é adotada como critério para melhor efeito didático na compreensão de todo o método, conforme já mencionamos.

No entanto, há que se ter muito claro que não se trata de uma receita culinária, em que são usados determinados ingredientes e marcas que resultarão, na maioria das vezes, se bem seguidas pelo usuário, em um alimento a ser consumido. Deve-se ter em mente que a mediação trabalha com pessoas e não com casos. Nesse sentido, mesmo empregando-se as melhores técnicas, pode-se não chegar ao resultado desejado. Essa observação deve ser estendida também para a sequencia lógica que poderá eventualmente ser alterada. Em outras palavras, e multo comum que, no momento em que as partes estão criando opções, apareça um fato novo, desconhecido ou esquecido, ou mesmo um conflito latente que se manifesta na elaboração da redação da solução. Quando tal situação ocorre, deve-se voltar à investigação para conhecer melhor a situação, verificar diferenças e avaliá-las ao lado das outras que já haviam sido trabalhadas. Ou seja, às vezes é necessário dar dois passos atrás para se avançar um.

A seguir, serão apresentados alguns comentários sobre as etapas, a fim de que se visualize melhor todo o processo. Antes disso, porém, é importantíssimo salientar que esses comentários são fruto da prática cotidiana com a mediação de conflitos nas áreas empresarial, familiar, trabalhista, do terceiro setor, da saúde, do meio ambiente e comunitária.

Etapas

PRÉ-MEDIAÇÃO

A **Pré-mediação** não é considerada por muitos autores uma etapa propriamente dita do processo, por constituir-se em um momento ou movimento, como prega Folger, de preparação para aqueles que dela participarão. Sem entrar no mérito teórico dessa discussão, ela será considerada uma etapa para facilitar a compreensão de todo o processo. Esse primeiro momento, de caráter informativo aos participantes, privilegia justamente o oferecimento de informações amplas relativas ao processo da mediação. Nele são explicadas em detalhes todas as regras do processo baseadas nos princípios de voluntariedade, respeito, cooperação e sigilo, a fim de que os mediados possam melhor deliberar se desejam efetivamente recorrer a esse método. Em outras palavras, o mediador informa como poderá ser realizado o diálogo a ser restabelecido, e as partes, ao escutarem, decidirão com aquele terceiro os parâmetros do processo para a resolução ou a transformação do problema por elas vivenciado. São discutidas também as datas tentativas, quando ocorrerão as reuniões, e se estas serão individuais ou conjuntas. O pré-mediador, mediador com ampla experiência em mediação, bom domínio das técnicas e conhecedor das dificuldades da atividade, depois de informar sobre o procedimento deverá convidar as partes a falar sobre o que as trouxe à mediação, devendo escutá-las atentamente para, em seguida, avaliar com elas a conveniência ou não de a utilizarem. Há três questionamentos básicos que ele deverá formular, durante essa etapa, consagrando com isso os princípios acima citados. O primeiro é relativo ao tema, matéria-prima básica do processo, o conflito que os levou a solicitar a mediação, bem como se este pode ser objeto da mediação. O segundo é sobre o efetivo interesse das partes em se submeterem ao processo. E o terceiro, mais relativo ao papel que cabe ao terceiro imparcial e independente, refere-se à escolha do mediador para o caso, podendo esta recair ou não em profissional que as informou sobre o processo, o pré-mediador. Em sendo positivas as respostas a essas questões, todos deverão avaliar conjuntamente a conveniência de ser adotada. É apresentada, também nessa etapa, a minuta de contrato de prestação do serviço da mediação, em que estará contemplado o modo em que se realizará. É neste momento que nasce a confiança das partes no processo. A prática frequente desse momento prévio auxilia e muito na quebra de paradigmas, bem como no início do "desarmamento" das partes para a administração do conflito. Muitos mediadores ressaltam sua importância para tornar as partes mais abertas para o início do processo com a próxima etapa e ressaltam a redução da ansiedade, característica emocional muito comum quando as pessoas estão envolvidas em conflitos. Salienta-se também que essa etapa poderá ser realizada de maneira conjunta ou separada entre as partes, bem como em datas e horários diferentes. O que rege tal situação são os três elos da corrente: mediador e partes. Em todas as formas citadas o importante é que se privilegiem informações suficientes às partes a fim de que possam decidir se desejam optar pelo processo.

Abertura

Constitui-se também em outro momento informativo do processo. O mediador escolhido pelas partes primeiro explicará o funcionamento do método e as regras que permitirão o restabelecimento do diálogo. Recomenda-se que o mediador cumprimente as partes pela eleição do método, bem como agradeça-as terem-no escolhido. A ele cabe fazer o máximo possível para proporcionar momentos de conforto e reflexão, imprescindíveis ao longo de todo o processo. Ele não deverá se esquecer de esclarecer mais detalhadamente seu papel e sua função durante o processo, assim como o das partes, sempre se colocando à disposição para esclarecer pacientemente eventuais dúvidas ou atender a possíveis preocupações relativas ao processo. As partes, por seu turno, farão a devolução da minuta do Termo de Compromisso da Mediação com eventuais aditamentos, modificações, supressões etc., não se esquecendo também que estabelecerão com o mediador o calendário das reuniões, conjuntas ou separadas.

Em seguida, o mediador deverá deixar em aberto a fala das partes, a fim de proporcionar informações sobre o que as levou a buscarem seus serviços. Inicia-se neste momento, muito embora tal técnica do mediador seja pressuposto de sua função, o que vários autores definem como escuta ativa ou dinâmica. Trata-se da observação permanente desse terceiro com relação à comunicação entre as partes, sem nenhuma associação de ideias a situações ou a momentos por ele vivenciado, sem julgar as partes e, sobretudo, sem despojar-se de sua realidade rotineira, a fim de escutá-las da forma e com a intenção em que desejam ser ouvidas. O mediador verificará a existência de pouca ou de muita assertividade em relação à comunicação verbal, assim como em relação à expressão da comunicação para verbal e não verbal. Essa técnica, ou mais precisamente, essa atitude de escuta, deve ser empregada ao longo de todo o processo, sob pena de o mediador não conquistar a confiança das partes, nem auxiliá-las na resolução ou na transformação do conflito.

O convite para falar deverá ser feito aos participantes, que livremente deverão escolher quem será o primeiro, devendo a outra parte escutar, se possível, sem interromper. No início, é muito comum que aquele que ouve tente interromper, diga que o outro não diz a verdade e, até mesmo, tente impedi-lo de falar. Em tais situações é necessária a intervenção do mediador lembrando às partes a regra: enquanto um fala o outro escuta. Recomenda-se, para efeitos de equilíbrio ao longo de todo o processo, neste início do primeiro relato, que as partes disponham de igual tempo para se expressarem, já que uma das características do processo é justamente o equilíbrio entre elas. Tal recomendação, entretanto, dependerá da assertividade dos mediados que, nesse momento, deverão agir espontaneamente. Não cabe ao mediador ser rígido nesse aspecto, pois ele, mesmo tendo sido escolhido pelas partes, não desfruta ainda da necessária confiança das partes, sentimento que será adquirido apenas no decorrer do processo.

Quando as partes expressam o que as trouxe à mediação, é muito frequente que a narrativa venha marcada pelo conflito objetivo, por um discurso permeado de posições fechadas, em que a parte manifesta a solução por ela vislumbrada, segundo sua vontade. Assim, em um primeiro momento se conhecerá melhor o conflito do ponto de vista objetivo, embora as partes, ao se expressar, estejam espontânea, consciente ou inconscientemente expondo suas motivações e, por intermédio de suas justificativas, na maioria dos casos, tentando mostrar que estão certas e o outro lado errado, culpando-o pela situação em que se encontram. Entretanto, em geral, o que ocorre é o oposto desse primeiro exemplo. O mediador deverá ter em mente que cada uma das partes oferece sua visão particular do conflito que está muito ligado ao aspecto pontual da inter-relação que o causou. Em outras palavras, as partes apresentam sua versão sobre a situação, que sempre é parcial e pontual com relação ao conflito. Concluída tal etapa, inicia-se a investigação.

Investigação

A **Investigação**, que não é policial, é assim chamada por força do amplo esforço do mediador em conhecer toda a inter-relação dos mediados, a estrutura em que ela está embasada, bem como as diversas manifestações do conflito e, ao mesmo tempo, por estar aberto ao surgimento de outros durante o processo, os quais permaneceram latentes antes mesmo de as partes buscarem a mediação.

Na prática, esse momento significa tentar conhecer toda a complexidade daquela inter-relação, ou seja, a "espinha dorsal" do processo. Isso significa afirmar que, se não for realizada de maneira profunda, correr-se-á o sério risco de insucesso – quer com o fim do processo antes de se chegar a uma solução, quer com o descumprimento das responsabilidades assumidas durante este.

Para tanto, como já afirmamos, há que se formular perguntas sobre a história relatada, bem como sobre as expressões empregadas pelos mediados. A formulação de perguntas, dada sua relevância, será objeto de análise no tópico Demais Ferramentas. Mas, independentemente do que será exposto mais adiante, poder-se-ia audaciosa ou mesmo incoerentemente considerar, em face do enfoque pacificador que envolve a mediação, que a única "arma" de que o mediador dispõe para identificar melhor os elementos mencionados e, sobretudo, para alcançar os questionamentos solicitados pelas partes diante do conflito, é o instrumento da pergunta.

É de fundamental importância tomar como referência o que foi dito anteriormente, no sentido de que a situação presente é a do conflito, cabendo à investigação buscar o passado dessa inter-relação. Assim, o mediador deverá iniciar o processo investigativo pelos primeiros momentos da inter-relação, ou mesmo antes desse momento inicial, passando por todas as fases vivenciadas pelas partes e identificando, passo a passo, a evolução delas e da inter-relação existente.

Cabe lembrar, evidentemente, que o mediador deverá continuar a utilizar a escuta ativa citada na etapa anterior, que deve ser permanente ao longo de todo o processo. Deve também observar permanentemente a comunicação existente entre as partes, ao mesmo tempo em que formulará perguntas para conhecer a realidade delas, que espontaneamente vieram à mediação. Muitas dessas perguntas visam a uma reflexão dos mediados para definir a controvérsia, as posições e, sobretudo, as motivações deles.

Uma vez identificada e muito bem esclarecida toda a estrutura relacional, assim como o conflito objetivo e subjetivo, as motivações e seus vários elementos, passa-se à elaboração da agenda, momento em que se inicia o ambiente de objetivação do processo, no qual as partes e o mediador devem começar a pensar sobre o futuro. O passado não pode ser alterado, o presente agora debatido é o conflito, ocorrido recentemente. Mas o futuro está nas mãos das partes e não nas de um terceiro, sendo dessa maneira devolvido a elas o poder de construí-lo.

Estando claros para as partes e o mediador a estrutura da relação e do conflito, as posições e as motivações, no sentido de saber os interesses, as expectativas, as intenções atribuídas, as dificuldades e as diferenças de percepções, há que se pensar em objetivar todo o processo. A maneira mais didática de fazê-lo é pela elaboração da agenda.

Agenda

A **Agenda** marca, na interação momentânea mediador/partes, o movimento de objetivação tendente ao final do processo com o alcance da ou das soluções. Nessa etapa identifica-se cada um dos temas objeto de resolução ou transformação. Essa identificação, evidentemente, conta, a exemplo de todo o processo, com a colaboração do mediador. Trata-se, na verdade, de uma pauta de trabalho, consensada entre todos os participantes e a ser seguida até o final do processo.

A propósito desse momento chamado agenda, que marca também o rumo do trabalho, é preciso dizer que ele só é possível pela existência da cooperação, da conscientização das partes sobre a visão parcial que havia antes de conhecerem de maneira mais aprofundada o conflito e a inter-relação existente entre elas durante a etapa anterior, a investigação.

Tal identificação, na realidade, não se inicia neste momento, mas durante o relato inicial das partes, quando da abertura, em que todos os participantes do processo delineiam de alguma forma tais temas. Entende-se, entretanto, ser adequado impulsioná-la nesse momento para fins didáticos.

Além dos temas, as partes estão incumbidas de estabelecer a devida atribuição de valores àqueles, sejam eles relativos a aspectos objetivos, sejam referentes a aspectos subjetivos. Em outras palavras, cabe às partes definir a prioridade de cada um dos temas identificados. Nesse aspecto, o mediador auxiliará na pesagem desses valores, sempre buscando o consenso baseado no pressuposto das motivações das partes. A prioridade deve ser entendida para também haver consenso em relação ao momento mais adequado em que cada um deles será discutido no processo de mediação.

Para cada um dos temas identificados há que se criar opções. Portanto, inicia-se em seguida a etapa de Criação de opções.

Criação de opções

A **Criação de opções** constitui-se em mais uma etapa que requer muita criatividade de todos e, sobretudo, o compromisso de buscá-la sem nenhum tipo de avaliação, crítica ou julgamento. O que se pretende é simplesmente gerar ideias de solução ou soluções.

Tal técnica propõe-se a evitar discussões restritas sobre uma única proposta apresentada, que, se for realizada prematuramente, fará os participantes dedicarem-se a um debate precipitado, sem considerar que poderiam fazê-lo de maneira mais ampla, procurando ideias outras que não a primeira. A proposta é não limitar o debate a apenas uma ideia ou a uma solução, o que resultaria em uma discussão sem muita criatividade. Em contrapartida, caso os participantes se dediquem por alguns minutos a pensar em opções, certamente amplia-se o leque de possibilidades, o que facilitaria o encontro de solução ou soluções.

Nesta fase se inicia a busca por eventuais opções de resolução ou transformação baseadas nas motivações das partes. Quanto maior o número de opções, evidentemente maiores serão as chances de possíveis soluções. Para que isso seja possível, recomenda-se que neste momento seja firmado um compromisso entre todos os participantes de só inventar ideias sem o compromisso de avaliá-las, criticá-las ou julgá-las. Fisher, Ury e Paton chamam-na de *brainstorming*, ou em português, "chuva de ideias", ou, ainda, na linguagem popular brasileira "toró de palpites". Nela se firma o compromisso de que as ideias não serão tomadas como propostas, para que não haja avaliações ou julgamentos, o que se fará mais adiante. Esta iniciativa permite que se aumente o poder das partes na busca por soluções melhores e mais criativas.

É neste momento que o mediador deverá usar e abusar de sua criatividade, incentivando as partes a também fazê-lo. Além disso, ele deve monitorar permanentemente eventuais juízos de valores sobre as propostas apresentadas, relembrando sempre o compromisso assumido de não emitirem nenhuma avaliação, crítica ou opinião sobre aquelas.

Com um número de ideias de solução ampliado, será possível passar à próxima etapa: avaliação das opções.

Avaliação das opções

A Avaliação das opções consiste no auxílio que o mediador deverá dar aos mediados, se estes o desejarem, para que seja feita uma análise das opções delineadas na etapa anterior, descartando-se, evidentemente, aquelas com menor possibilidade de execução ou sem nenhuma praticidade.

Nesta etapa exige-se das partes uma reflexão que projete as ideias aventadas na etapa anterior para um futuro próximo ou mesmo longínquo. Deve-se levar em conta a praticidade e a viabilidade da execução dessas ideias, bem como o consenso acerca dos critérios objetivos para sua avaliação. Para isso, é preciso consenso sobre o valor de mercado, sobre os eventuais índices econômicos ou sobre os precedentes anteriores, bem como sobre a funcionalidade das ideias em relação aos motivadores da inter-relação existente, e geradora do conflito.

Tal recurso evita decisões precipitadas e com pouca reflexão que, muitas vezes, um ilusório diálogo pode trazer. Nada obsta, caso seja possível, que se faça um intervalo, ou uma pausa técnica, ferramenta explicada no próximo capítulo, ou mesmo que se marque uma nova reunião para que as partes reflitam sobre essa avaliação.

Ao se vislumbrar a exequibilidade, a praticidade e a funcionalidade das opções aventadas, baseadas em valores e em critérios objetivos, passa-se à etapa seguinte: escolha das opções.

Escolha das opções

A **Escolha das opções**, momento que também faz parte da objetivação do processo de mediação, visa, de imediato, à construção das soluções. Nessa etapa, o importante é que as partes adotem critérios objetivos que possam auxiliá-las na escolha das melhores e mais criativas soluções. Para tanto, o bom senso e o consenso sobre os critérios deverão ser os grandes impulsionadores do debate. Esse critério ajuda, e muito, a reflexão sobre a praticidade e a exequibilidade trabalhadas na etapa anterior.

Na verdade, a escolha e as avaliações são praticamente feitas em conjunto, pois, ao avaliá-las, as partes e o mediador também oferecerão os elementos de praticidade e exequibilidade. O importante é que nesse diálogo, em que a cooperação é imprescindível, o enfoque esteja sempre na motivação das partes, quer pela continuidade da inter-relação existente, quer por seu rompimento.

Há que se ter em mente, tanto nesta etapa quanto na anterior, que a assessoria legal é essencial. Numerosos códigos de vários países rezam sobre a conduta ética do mediador exigida nesse momento, caso as partes não se façam acompanhar de seus advogados ao longo do processo, para não se esquecerem dos requisitos legais e formais presentes na mediação de conflitos, que, mesmo sendo um processo informal, terá reflexos no mundo jurídico, se esse for o desejo das partes.

Solução

A **Solução** ou **soluções** é o momento final do processo. Consiste no auxílio do mediador para a elaboração conjunta do termo final de tudo aquilo que os mediados escolheram e identificaram como resolução ou transformação do conflito.

Para o mediador é importante que as palavras empregadas no termo final resultante da mediação sejam as mais claras possíveis, expressando exatamente as responsabilidades de cada uma das partes. O termo final deve retratar todos os compromissos assumidos na transformação do conflito, com o tratamento determinado pelas partes, desde que não contrárias à legislação vigente, o que certamente não ocorrerá visto que os assessores técnicos legais já se manifestaram.

Em tal sentido, muitos autores recomendam que o termo final deve contemplar onde, quando, como, por que e quem será responsável pelos compromissos assumidos durante a interação mediador/partes. Nesse momento o mediador deverá concentrar sua atenção para que nada seja esquecido e, ao mesmo tempo, questionar algum item faltante ou que não esteja muito claro.

Há que se fazer menção, antes de encerrarmos este capítulo, à eventual possibilidade de as soluções serem parciais ou totais. Em outras palavras, essa possibilidade permite que as partes optem por lavrar pequenos acordos para serem executados e avaliados posteriormente em mediação, ou mesmo pequenos acordos sobre cada tema identificado na agenda (objetiva ou subjetivamente relativos a normas de convivência) para resultar posteriormente no fim do processo. Ou, mesmo, em estabelecerem um acordo único que contemple tudo o que desejarem. Mais uma vez, evidentemente, a parcialidade ou a totalidade do acordo será uma opção escolhida pelas partes.

DEMAIS FERRAMENTAS

Outros recursos à disposição dos mediadores não devem ser esquecidos. Abaixo são elencados alguns deles.

Co-mediação é a mediação realizada por mais de um profissional durante um procedimento completo. Nela há a intervenção de, no mínimo, dois mediadores capacitados que construirão com as partes a resolução ou a transformação do conflito.

Há duas classificações básicas que conceituam os principais tipos de **co-mediação**. A primeira refere-se aos próprios co-mediadores, isto é, está centralizada na figura característica do mediador. Subdivide-se em **multidisciplinar**, em que os co-mediadores são de distintas áreas profissionais, como nos casos em que advogado e psicólogo atuam juntos. Esse procedimento, bastante comum, tem-se mostrado eficaz, pois evita a parcialidade e o estabelecimento de alianças inconscientes a que todos estamos sujeitos. Proporciona também a prática da interdisciplinaridade, que agrega mais conhecimentos ao processo de mediação, por meio dos olhares de diferentes áreas.

Há também a co-mediação por **gênero**, na qual não importa a profissão de origem dos co-mediadores, mas o gênero. Normalmente é feita por um homem e uma mulher. Na área familiar é muito aplicada, pois muitas vezes é mais confortável falar de problemas pessoais com pessoas do mesmo sexo. Ainda nessa classificação, há a co-mediação por **afinidade**, na qual não importa o gênero nem a profissão dos mediadores, mas sim o fato de serem parceiros em suas intervenções.

Outra classificação é aquela em que o importante é a maneira de atuação dos co- -mediadores. Nela ambos estabelecem regras para suas respectivas intervenções. A primeira chamada **complementariedade** é aquela em que o procedimento é coordenado por um dos mediadores e o outro o complementa quando autorizado pelo primeiro. É o melhor método de aprendizado da mediação, pois um profissional mais experiente auxiliará o aprendizado de outro com menos experiência. Há também a co-mediação por **revezamento**, em que ambos os mediadores se alternam na coordenação da mesma reunião. Esta modalidade permite ainda a adoção de outras dinâmicas, cujas regras devem ser previamente combinadas. Por último, há a co-mediação simples, em que os mediadores preferem não estabelecer nenhuma regra entre si, fazendo suas intervenções de modo indistinto. Nesse modelo o ideal é que ambos os mediadores tenham o mesmo tempo de experiência em mediação.

Mas para que a mediação seja efetiva e de boa qualidade, é importante considerar aspectos, como:

- escolher um co-mediador com quem se tenha empatia e entrosamento. A co-mediação é como "uma dança", em que o par necessita estar no mesmo "ritmo", para que a dança seja harmoniosa e prazerosa;
- conversar e organizar com o co-mediador, antes da mediação, a estratégia e a técnica a serem utilizadas;
- conversar sobre qual será a melhor forma de se atribuir as responsabilidades entre os co-mediadores, pois isso tranquiliza os ânimos e possibilita a realização da dinâmica de mediação de forma mais produtiva. Assim, cada tema pode ser dividido, elegendo cada co-mediador o que mais o interessa tratar (dependendo de sua área de atuação ou não);
- é necessário lembrar que, se possível, deve-se evitar que um dos dois domine o procedimento, pois a co-mediação deve somar pontos de vista e não enfrentamentos. É uma co-construção; e
- a co-mediação é uma oportunidade de complementação e não de competição.

Pode-se afirmar que receitas de co-mediação não existem, mas, dada a natureza delicada do trabalho, um dos principais argumentos é ter a **mesma visão dos objetivos do processo de mediação.**

Apesar de se dizer que é necessário confiar na preparação prévia dos respectivos papéis dos co-mediadores e na divisão das responsabilidades para melhor desenvolvimento do processo, isso significa que deve haver no mínimo uma regra básica intrínseca fundamental, além daquelas já comentadas: **o respeito de um mediador pelo outro,** pois é esse valor ético que proporcionará ao processo de mediação e aos mediadores uma dinâmica mais harmônica.

Os co-mediadores precisam se assegurar da manutenção de **credibilidade** e de **autoridade similar,** diante de cada uma das partes durante o processo de mediação. Em algumas ocasiões, de acordo com as necessidades das partes, os comediadores poderão valer-se do modelo de identificação, ou seja: o acordo e o diálogo existente entre eles demonstra às partes a possibilidade real de estas se relacionarem de forma construtiva. A eficácia que ambos podem desenvolver é assimilável durante o processo da mediação, e seguramente terá algum impacto na possível eficácia com que as partes possam resolver seus conflitos.

Trabalhar em co-mediação com base em uma relação de parceria não significa **ver** igual, mas sim **participar** por igual. Ou seja, trabalhar em uma situação de confiança com o outro é entregar-se à sua presença, sem exigir a garantia de que ele responderá estritamente a seus desejos. É necessário falar sobre esta questão, pois, durante o processo de mediação, podem existir rivalidades, competências, inveja e tantos outros modos de manifestação das emoções. Supõe-se também que haja respeito, reciprocidade, compreensão, além de dinheiro, tempo e horários compartilhados.

Portanto, há múltiplos fatores a se considerar:

- uma equipe efetiva de co-mediadores pode aumentar a capacidade de escutar as interferências apresentadas pelas partes;
- aumentar a tolerância e a paciência, compartilhando o peso do processo;
- criar um equilíbrio quando há desequilíbrio de poder; prover um modelo de comunicação mais cooperativo;
- combinar as habilidades de cada um dos profissionais proporciona melhor entendimento do processo; e
- a co-mediação não se limita somente a advogados e psicólogos, mas a equipes interdisciplinares, que podem estar compostas por: economistas, administradores, médicos, engenheiros, arquitetos, contadores, assistentes sociais etc.

O melhor para uma dupla de co-mediadores é um perfil flexível, capaz de desenvolver a *espontaneidade*, proporcionando com isso um bom diálogo, a comunhão de esquemas referenciais compartilhados e a existência de uma linguagem comum.

Reuniões privadas

(CAUCUS)

Reunião privada ou individual é uma ferramenta usada na mediação, em determinadas circunstâncias, para ajudar a ampliar a visão relativa ao conflito apresentado pelas partes. Nelas os mediados estão fisicamente separados um do outro e a comunicação direta entre as partes é intencionalmente restrita.

Tais reuniões, também chamadas de *caucus* (termo das tribos indígenas norte-americanas que significa encontros individuais), são iniciadas em resposta a forças externas que afetam as partes e a situação geral do conflito, ou em resposta a problemas que surgem das questões, dos acontecimentos ou da dinâmica da reunião conjunta. Essas *forças externas* dizem respeito a pressões políticas, econômicas, sociais e culturais, além do elemento mais comum, que são as *dinâmicas internas* entre os mediados, ou seja, os problemas de relacionamentos entre as partes ou entre uma equipe, ou, em alguns momentos, com o processo de mediação ou com as questões substantivas em discussão.

São vários os conflitos nos relacionamentos entre oponentes que podem conduzir à realização de uma reunião privada. O mediador pode tomar a iniciativa de realizá-la para permitir que emoções intensas sejam expostas sem aumentar as diferenças entre as partes. Em alguns casos, são adotadas para esclarecer percepções ou, ainda, percepções inadequadas, ou mesmo modificar comportamento negativo ou repetitivo. Às vezes são usadas para diminuir ou limitar comunicações inúteis. Recomenda-se que seu emprego, por isso, seja realizado com base em uma proposição feita pelo mediador, que só levará adiante o *caucus* se for obtido o consenso entre as partes e o mediador, isto é, só com a autorização daquelas diante de uma possibilidade lançada pelo mediador.

Em muitos casos, as reuniões privadas são empregadas para a definição de interesses, esclarecimento de posições, identificação de novas ofertas ou consideração das propostas da outra parte. Servem também para revelar informações confidenciais que não podem ser expostas na reunião conjunta. Além disso, em determinadas áreas, servem para planejar propostas ou ofertas que posteriormente serão levadas à sessão conjunta, e testar a aceitação da proposta de uma parte, apresentando a oferta à outra.

Se as reuniões privadas ocorrem no *início* da mediação, seu propósito, em geral, é o de permitir a expressão de emoções, planejar procedimentos ou identificar questões. As que ocorrem no *meio* da mediação destinam-se caracteristicamente a evitar um compromisso prematuro com uma posição, à identificação de interesses e à geração de alternativas.

Já as que ocorrem no *fim* da mediação são planejadas para pôr fim a impasses, desenvolver ou avaliar propostas, desenvolver uma fórmula de possível acordo, ou fazer um acordo psicológico. Evidentemente, não há momento certo para convocar uma reunião privada, o que depende muito das necessidades dos mediados e as habilidades do mediador.

As reuniões privadas podem acontecer durante uma mesma reunião, com tempo exatamente igual para ambas as partes, sendo ouvida uma de cada vez ou em dias diferentes. É importante lembrar que o mediador deve: instruir as partes sobre a técnica; tentar vencer as resistências delas para a realização das reuniões separadas; realizar a transição para a reunião privada; decidir com elas qual será encaminhada primeiro; e determinar a duração da reunião e facilitar o retorno para a reunião conjunta. A resistência das partes diz respeito à preocupação sobre a confidencialidade e sobre o medo da cumplicidade entre o mediador e a outra parte. Essa possibilidade precisa ser trabalhada de forma que assegure aos mediados a *imparcialidade* e a *confidencialidade* do mediador, porque esses são princípios da mediação.

É importante salientar que há um limite para o mediador, tanto segundo a ética própria quanto segundo a ética da sociedade em que ele vive. Situações em que o rompimento da confidencialidade se torna legítima são aquelas em que, por exemplo, as revelações dizem respeito a abuso infantil ou mesmo a risco físico iminente. Por esse motivo, alguns autores são contra o *caucus*, por acreditarem que existe o risco de o mediador tornar-se um intermediário e sair de seu papel de mediador. No entanto, mesmo sendo um campo suscetível aos problemas de confidencial idade e à manipulação, a reunião privada continua sendo um dos importantes recursos da mediação, que deve ser utilizado com responsabilidade e comedimento.

Pausas técnicas

As pausas técnicas são uma das várias ferramentas de trabalho disponíveis ao mediador. Constituem-se de intervalos estratégicos para avaliação e auto-observação do trabalho desenvolvido, promovidos pelo mediador em qualquer momento das reuniões ao longo de todo o processo de mediação.

Tal ferramenta, muito útil ao mediador, pode ser realizada tanto em um intervalo determinado de tempo espacial quanto sem este intervalo. Neste último caso, faz-se uma retrospectiva do que foi trabalhado anteriormente, ao mesmo tempo em que se dá continuidade ao diálogo em andamento. É como se o mediador se colocasse em um nível mais elevado para observar melhor todas as suas interações com os mediados. O emprego desse recurso é muito valioso para a melhor compreensão da inter-relação entre os mediados, suas posições e as motivações envolvidas no conflito. Quando for utilizado, se recomenda, em razão do dever de sigilo para com as partes, que o mediador evite contatos pessoais com uma delas sem a presença da outra. Por isso o mediador, ao optar pelo intervalo, deverá sair da sala caso as partes optem por nela permanecer, ou ficar na sala se os mediados resolverem deixá-la.

Formas de questionamento

PERGUNTAS

Perguntar é uma das técnicas mais privilegiadas da mediação. As pessoas envolvidas em uma disputa fazem a si mesmas sempre as mesmas perguntas. Uma forma de ajudá-las a ver o problema de outro ângulo é formular "novas perguntas" que as partes ainda não se tenham feito.

Perguntar é uma técnica muito eficiente para gerar diferenças. As perguntas "adequadamente inusuais", segundo Tom Andersen, são as mais úteis. Sabemos que uma diferença que faz a diferença é a informação. Ou seja, perguntar é uma forma de gerar diferenças, isto é, de gerar informação. Respondida a pergunta, o mediador pode optar por buscar mais diferenças em dois setores:

1) naquele em que a parte enfatizou, portanto transformou em diferente; e
2) naquele em que a parte escondeu, portanto eliminou o invisível.

O mediador deve ser capaz de captar diferenças nas respostas das partes. Essas diferenças podem gerar:

• *na parte*: uma pergunta pode ampliar o foco e permitir que se observe algo que antes não havia sido notado;
• *em quem pergunta*: ao fazer as perguntas o mediador se sente "dentro" da situação;
• *no conteúdo*: as partes muitas vezes fazem uma descrição limitada da disputa, e algumas perguntas ajudam a ampliar o conteúdo; e
• *na relação*: perguntas que permitem refletir sobre a relação entre as partes.

As perguntas podem ser:

• **informativas**: para examinar a informação que a parte detém; e
• **recontextualizantes**: partindo do pressuposto de que as partes estão "enredadas" em um jogo sem fim, as perguntas favorecem a mudança da perspectiva delas sobre a disputa ou sobre seus elementos, modelo e história construída, para outra visão, outro contexto, alterando a história prévia e a visão da disputa.

As perguntas *recontextualizantes* devem ter por objetivo:

• gerar reflexão: sobre o conteúdo e sobre a relação;
• produzir questionamentos: para que sujam novas perguntas;
• protagonizar: para que as partes assumam seu protagonismo no processo, tanto no que já ocorreu

e no que está acontecendo na reunião de mediação como nas consequências futuras;

• obter o reconhecimento do outro: reconhecer o outro como co-protagonista; e

• circular: compreender a interdependência entre as partes e/ou entre as partes e o sistema como um todo, reconhecendo seu próprio protagonismo e o do outro.

Reformulação ou ressignificação

Consiste em dar outra formulação a algo já dito, ou seja, dizer uma mesma coisa de outra forma, com palavras diferentes.

Os mediadores podem recorrer às metáforas para suas reformulações, e tem-se comprovado que o resultado é muito operativo.

A reformulação é muito útil para abrir novos campos e contextos, *efeito* esse chamado de reenquadramento. Em síntese, as reformulações operativas são aquelas que produzem o efeito de reenquadrar, de recontextualizar o contexto ou o campo.

Conotação positiva

É uma reformulação centrada em ressaltar as características e/ou as qualidades positivas. A conotação positiva é utilizada para remarcar, outorgar ou mudar características nas coisas, nos fatos, nas pessoas ou nas ações desta, de forma que possam ser valorizadas em seus aspectos positivos.

As conotações positivas podem ser realizadas:

- sobre os atributos e as características;
- sobre as intenções atribuídas às declarações; e
- sobre as ações.

Legitimação

A legitimação é uma conotação positiva das posições das partes, utilizada para ajudá-las a alterar as posições que têm na história, e implica outorgar um lugar verdadeiro, legítimo, a posições que os personagens assumem na história. Trata-se de reformulação que se vale de um olhar que permite ver os lugares, as posições ou as localizações que as partes ocupam, legitimando-as positivamente.

Recontextualização ou reenquadramento

Como já mencionado, a recontextualização ou o reenquadramento como efeito pode ser também mais uma *técnica* que enquadra ou contextualiza diretamente o problema em outro âmbito, que pode ser mais ou menos amplo, ou apenas diferente, dependendo das circunstâncias.

Formas positivas de alcançar reflexão

Caracterizam-se por sua complexidade, ou seja, por não se realizarem em um só passo, mas mediante um conjunto de ações que produz uma desestabilização na história que as partes trazem e prepara o terreno para a construção de uma história alternativa.

1) O processo de externalização
Está centrado na "definição do problema" e sua aplicação, quando é efetiva, tem por objetivo alcançar uma redefinição do problema que se mostra mais operativa para o trabalho.

2) Os resumos
Realizam-se tanto com respeito à definição do problema como em relação à compreensão dos objetivos e das contribuições de cada uma das partes.

3) Equipe reflexiva
É uma técnica utilizada pelos integrantes da equipe de mediação, cuja função é ajudar as partes para que pensem e vivenciem outras alternativas.

Processo de externalização

A externalização, técnica criada no campo da terapia familiar sistêmica por Michael White e David Epston, caracteriza-se por enfocar o processo terapêutica como um processo que se dá "nas narrativas e por meio delas". Por causa disso é aplicável a esse modelo de Mediação circular-narrativa de Sara Cobb. As duas metas são a externalização do problema e a internalização do protagonismo das partes.

Etapas

• **Condensação do problema**: o problema é definido como algo externo ao "eu" (tanto do indivíduo do grupo familiar quanto do institucional). Quando as pessoas vêm à mediação, geralmente apresentam queixas muito gerais ou inespecíficas. Nessa etapa se busca uma definição clara para elas, usando-se para isso as perguntas informativas.

• **Nomeação do problema**: ao se atribuir um nome ao problema produz-se um efeito quase mágico. Mas não deve ser "qualquer nome", nem um nome imposto às partes pelo mediador; o nome deve surgir ou ser criado ou co-criado no decorrer das conversas com as partes e/ou durante a interação de suas histórias. Esse nome não surge de imediato, mas vai sendo construído pacientemente pelas partes e pelos mediadores. Para alcançar esse objetivo os mediados podem incluir um nome ou uma metáfora nas perguntas que fazem. Esse nome deve atribuir uma conotação negativa ao problema, pois no decorrer da mediação vai-se percebendo que "ele" deve ser extirpado para que haja uma efetiva transformação.

• **Separação do problema das pessoas ou das relações**: uma vez que se tenha condensado e nomeado o problema, já começamos a separá-lo das pessoas ou da relação entre elas. O problema tornou-se algo "externo" a elas. A externalização implica coisificar o problema como algo externo às pessoas e/ou às relações.

• **Conotação negativa do problema**: Essa "coisa em que o problema foi transformado deve ser vista como uma ameaça às pessoas e/ou às relações. É algo contra o qual se deve lutar. As duas ou mais partes envolvidas devem enfrentar o problema e não se enfrentar mutuamente. Deve-se levar as partes a *refletir* sobre como isso está ocorrendo e não dizer ou interpretar essa forma.

• **Internalização do protagonismo**: os passos anteriores permitiram que o problema fosse externalizado; simultaneamente, ao se trabalhar sobre como ele foi "alimentado" fica não só implícito, como em determinada medida conscientizado, o protagonismo e o co-protagonismo das partes para enfrentar ou aceitar o problema.

O resumo

Em diferentes momentos das reuniões, individuais ou conjuntas, os mediadores aplicam essa técnica. Recomenda-se que os resumos sejam feitos:

• após a definição do problema;
• depois de cada parte ter elaborado seus objetivos com respeito à mediação;
• depois de cada parte dar suas contribuições ou aportes para solucionar o problema; e
• antes do fim de cada reunião individual ou privada.
  Os resumos cumprem várias funções:
• a primeira, e fundamental, é que cada parte sinta que foi entendida e escutada;
• a segunda é que o mediador pode avaliar se entendeu bem o relato. Ao mesmo tempo, serve para que as partes se conscientizem de que todos somos seres humanos e, portanto, ao resumir podemos mostrar se entendemos ou não.
• a terceira é estabelecer analogicamente um modelo de comunicação;
• a quarta é co-construir um aprendizado;
• a quinta é definir o rumo do trabalho, pela identificação de elementos comuns que possibilitem a cooperação entre as partes; e
• a última é promover um entendimento comum pelos interesses convergentes.

Equipe reflexiva

Criada pelo terapeuta norueguês Tom Andersen e sua equipe, essa técnica pode ser utilizada de várias formas na mediação. Por exemplo: em determinado momento osco-mediadores podem "mudar de função" e atuar como "equipe reflexiva", a fim de ampliar as possíveis aberturas que permitam desestabilizar as partes e construir uma nova história, por meio da reflexão em voz alta de um para o outro.

Outra forma de usar a equipe reflexiva é ter, além do mediador e do co-mediador, uma equipe composta por três a quatro mediadores que participa da mediação, apenas em uma atitude de observação, sem contato direto com os mediados, que pode ser chamada para "refletir alto", quando o mediador e o co-mediador acharem conveniente para ajudar na reflexão. Essa atitude tem como função colocar as partes na situação de "escuta" no momento em que a equipe reflexiva está trabalhando. A equipe não tem como função dar instruções para os mediadores que estão conduzindo a mediação, mas ajudar mediados e mediadores a refletir sobre o conflito.

As reflexões são sempre sobre a *conversa* que estão presenciando e não sobre a parte como pessoa.

Os integrantes da equipe reflexiva conversam apenas entre si (nunca com as partes), mantêm-se em círculo para as reflexões e não têm contato visual com os mediados. Seu olhar e toda a sua atenção devem ser dirigidos de uns para os outros.

No caso de a mediação ser feita somente por mediador e co-mediador, eles podem desempenhar a tarefa da equipe reflexiva, construindo corporalmente e pelo olhar e pelo tom de voz uma microdinâmica. Essas reflexões não são "qualquer reflexão", mas devem ter características específicas:

• devem ser feitas preferencialmente por perguntas, porque essas possibilitam novas aberturas;

• as perguntas não objetivam nunca extrair mais informações das partes. O material com o qual trabalham é o já conhecido;

• são sempre especulativas, ou seja, se um dos integrantes da equipe reflexiva faz uma pergunta a outro, este responde fazendo uma nova pergunta;

• nunca são feitas reflexões sobre as pessoas, mas apenas sobre o material das conversas;

• as reflexões são sempre sobre o que foi observado e conversado no momento presente da mediação. Não se buscam razões, tampouco interpretações psicanalíticas;

• devem estar relacionadas ao conteúdo, mas, segundo Tom Andersen, devem ser "adequadamente inusuais', o que significa que devem permitir gerar diferenças;

• devem utilizar a linguagem das partes;

• caso seja possível, devem-se usar metáforas para proporcionar reflexão;

• podem ser feitas associações sobre situações pessoais que tenham tido ressonância nesse momento, ou com outras situações de terceiros. Contudo, nunca devem ser formuladas como modelos para as partes;

• devem ter sempre conotações positivas; e

• as partes devem se sentir legitimadas em suas posições ou lugares.

Embora seja uma técnica muito rica, às vezes pode não ser bem empregada. Ela deve ser praticada pela equipe tendo em conta para que serve essa tarefa e o que não deve ser feito. A equipe reflexiva precisa ter muita clareza de seu papel.

Por sua vez, o mediador (ou mediadores), que é o responsável pelo encontro de mediação, deve estar muito atento para desarmar qualquer reflexão que não tenha as características apontadas. Se as partes não estão suportando as reflexões, o mediador (ou mediadores) pode pedir à equipe reflexiva que suspenda sua atividade.

Reuniões de feedback

Com o objetivo de aperfeiçoar permanentemente o aprendizado da mediação, assim como alcançar a evolução das atividades do mediador em seu constante e necessário aprimoramento, recomenda-se que após qualquer reunião de mediação ao longo de um processo sejam realizadas as chamadas reuniões de feedback. Estas consistem em um diálogo entre o mediador e seus supervisares e outros mediadores que estiverem presentes naquela reunião, a fim de se avaliar todo o trabalho desenvolvido e promover a troca de impressões e informações sobre a interação mediador/mediados.

Tais reuniões são úteis para aprofundar o conhecimento do conflito existente entre os mediados, conhecer em tempo real as posições e as motivações das partes, bem como para delinear estratégias e relembrar as técnicas importantes para a mediação.

Convém enfatizar que tais reuniões são eminentemente técnicas, isto é, participam apenas os profissionais conhecedores das técnicas de mediação, não podendo delas participar os mediados.

MEDIADOR: SEU PAPEL E SUAS FUNÇÕES

O mediador é um terceiro imparcial capacitado e independente que ajuda os mediados a conduzir o processo de mediação. Sendo assim, ele tem a autoridade de *condução* do processo e não da *decisão* do processo que cabe apenas aos mediados. A confiança construída entre o mediador e as partes constitui elemento fundamental para o próprio funcionamento do processo.

Segundo Moore, parte-se do princípio de que "uma terceira parte será capaz de alterar o poder e a dinâmica social do relacionamento conflituado, influenciando as crenças ou os comportamentos das partes individuais". Para isso os mediados reconhecem, nessa pessoa, a competência e a autoridade para atuar no processo, no qual influirá por meio de suas funções e pelo desempenho de determinados papéis.

Funções do mediador

O mediador desempenha numerosas funções no processo de mediação:

- acolhe os mediados e os advogados do processo, quando houver;
- presta os esclarecimentos necessários de forma clara, objetiva e correta a respeito dos procedimentos e dos objetivos da mediação;
- administra a participação de todos os envolvidos, assegurando o bom andamento dos trabalhos, a manutenção da ordem, o respeito à integridade física e emocional dos envolvidos, a livre expressão e outras afins;
- formula perguntas de modo empático, construtivo e agregador;
- busca a clareza de todas as ideias;
- assegura o equilíbrio de poder entre os mediados;
- é agente de realidade;
- é o guardião do processo;
- neutraliza comportamentos repetitivos;
- facilita a comunicação;
- orienta oportunamente para o futuro com base no presente tendo respeito pelo passado;

- cria contextos-alternativos;
- focaliza interesses comuns;
- atribui a decisão aos protagonistas; e
- assegura as condições do cumprimento da solução, quando alcançada.

A habilidade do mediador em empregar técnicas que promovam o desenvolvimento ou a manifestação de criatividade, por parte dos mediados, é de grande importância para o bom andamento do processo, porque, em geral, as pessoas envolvidas encontram-se submetidas a fatores emocionais que contribuem para cercear o nascimento de opções.

O mediador também desempenha *funções* de *modelo*, que dizem respeito às percepções despertadas nos mediados, em relação a seu exemplo de como se comportar no transcorrer do processo. Essas funções servem para que os mediados atribuam ao mediador uma série de atributos, como: bom senso, competência interpessoal e técnica, equidistância, experiência, habilidade para compreender os vários pontos de vista, imparcialidade, integridade e sensibilidade. Entenda-se a equidistância, segundo Marinés Suares, como a habilidade do mediador para assistir os disputantes com o objetivo de que expressem "o seu lado" no caso.

O mediador desempenha também *funções emocionais*, relacionadas com o estabelecimento de sentimentos de *sintonia* entre o mediador e os mediados, sem a geração de dependência, exceto no que se refere ao indispensável poder de autoridade relacionado com as funções pragmáticas. Sem a existência de sintonia emocional, a relação interpessoal entre o mediador e qualquer um dos mediados poderá ficar comprometida, tendo em vista que entre eles, mediados, os sentimentos não serão naturalmente favoráveis. Essa situação não pode ser transferida para a relação entre mediado e mediador. Sem ela, aspectos emocionais essenciais de cada mediado poderão permanecer ocultos e a mediação não atingirá seus propósitos, porque corre-se o risco de não incluir valores fundamentais no elenco dos itens negociados. A *sintonia emocional* possibilita reconhecer a existência de emoções que devem ser explicitadas e ter sua legitimidade reconhecida, algo indispensável para o sucesso de qualquer processo de mediação.

Papéis do mediador

Inevitavelmente o mediador desempenhará o papel de *líder* perante os mediados, entendendo-se essa liderança como coordenadora do processo e, dessa forma, dois componentes destacam-se: a empatia e a habilidade que permitirão ao mediador transmitir aos mediados um conjunto de valores de grande importância para o bom andamento do processo – ou seja, confiança, lealdade, serenidade, cooperação, respeito e não violência.

O segundo papel fundamental do mediador é o de servir como *agente transformador*, e o desempenho desse papel tem importantes consequências para o exercício de suas funções. Segundo Folger e Jones, assim procedendo o mediador transformador dá poder às partes de tal modo que se minimizam os riscos de sua própria influência nos resultados do processo, algo que acontecerá conscientemente ou não. Os autores alertam que transformação significa desenvolvimento, em cada um dos mediados, da capacidade de multiplicar os conhecimentos adquiridos no processo para outras situações conflituosas de sua vida. E também representa maior assunção de responsabilidade perante os resultados do acordo, quando houver, o que significa maior chance de permanência de suas intenções e efeitos.

O mediador também exerce um terceiro e importante papel que é o de facilitador *do processo*, atuando na comunicação, na ampliação dos recursos, explorando os problemas, servindo de agente de realidade, prestando-se a ser um catalisador e, até mesmo, um "bode expiatório" das partes, em momentos de angústia e exacerbação das emoções (Moore).

O que mediador não é:

• *O mediador não é juiz nem árbitro*: são os mediados que decidem, e não o mediador. Seu papel é ajudá-las a tomar as decisões conscientemente, responsabilizando-se por elas. Já o juiz ou o árbitro, embora também sejam terceiras partes, têm o poder de julgar, decidir e arbitrar.

• *O mediador não é advogado*: ele não aponta caminhos "melhores" ou "possíveis", não defende esta ou aquela parte; em vez disso, preocupa-se igualmente com ambas, com imparcialidade e respeitando a equidade. O advogado vê o problema apresentado pelas partes como uma questão legal (ver mais informações no tópico 3 deste capítulo). Para o mediador, o problema é percebido como algo pessoal, com (certas) consequências no plano jurídico (Marlow).

• *O mediador não é psicólogo*: ele não faz psicoterapia, não trabalha nem explora os conflitos intrapessoais, mas identifica os mais presentes que afetam a relação interpessoal e busca explicitá-os em toda a sua extensão. Na terapia os temas emocionais são ampliados e explorados. Ainda que o impacto da mediação possa incluir uma mudança psicológica ou relacional, o processo não é uma exploração ou um aprofundamento dos temas e das reações emocionais.

• *O mediador não é conselheiro*: o conselho corre o risco de ser um atalho que conduz a uma solução ingênua, ilusória e inadequada. Seu conteúdo, subjetivo e limitado às percepções do conselheiro, pode pouco ou nada ter a ver com os interesses do aconselhado e, muito menos, com os da outra parte. O mediador deve orientar ambos ou um dos mediados a buscar informações úteis (com advogados, contadores, avaliadores, psicólogos etc.) para melhor compreensão, se for o caso, dos fatos relacionados ao conflito.

• *O mediador não é professor*: o papel de coordenação que cabe a ele por força da tarefa de mediar induz ao perigo de ele se envaidecer a ponto de se "encher" da arrogância de considerar-se dotado de notável saber. Se isso acontecer, a mediação se transformará em aulas repletas de erudição e infladas por seu ego... O mediador, de qualquer forma, estará continuamente ensinando, em sua condição de profissional de mediação, por seu exemplo, e sendo tomado como modelo quando no exercício adequado da função. Tais circunstâncias não devem influenciar o conteúdo da decisão, mas sim a qualidade dela.

• *O mediador não é assistente social*: ele deve assistir os mediados com todas as ferramentas pacificadoras do conflito, as quais partem do pressuposto de que o poder de decisão e opção das partes cabe a elas, por serem detentoras de dificuldade na gestão de conflitos. Tais ferramentas não podem de maneira nenhuma ser confundidas com assistencialismo, no sentido de tutelar os mediados por suas limitações.

• *O mediador não é médico ou outro profissional da área de saúde*: ele não deve simplesmente "atacar" o sintoma, ou seja, o conflito por meio de um diagnóstico propiciado por exames médico-laboratoriais, mas, sim, conhecer de maneira profunda e pessoal a inter-relação existente entre os mediados para que estes possam, sob seu "tratamento", modificar o diagnóstico.

• *O mediador não é administrador*: ele não deve administrar as pessoas, impondo-lhes regras ditadas por ele.

Neste caso, corre-se o risco de o processo se transformar em uma conciliação, pois o mediador deixa de estar no mesmo nível das pessoas e se coloca em um patamar superior, lugar que facilita eventuais sugestões de solução.

• *O mediador não é engenheiro ou outro profissional da área de exatas*: ele deve entender que a estratégia na mediação deve ser entendida como ferramenta de trabalho a ser usada com as pessoas e, como tal, não responder a elas de maneira exata, ou na forma em que foi pensada pelo profissional que a aplicou, transformando-a em uma equação exata. Cabe destacar que a mediação privilegia a espontaneidade e a reflexão das pessoas sobre essas equações.

O mediador e sua ética

O mediador é um terceiro imparcial e independente que, por meio de uma série de procedimentos próprios, auxilia as partes a identificar seus reais conflitos, suas motivações e a construir, em conjunto, possibilidades de solução ou soluções. O mediador deve proceder, no desempenho de suas funções, de maneira imparcial, independente, competente, discreta e diligente.

Do mediador exige-se conhecimento e treinamento específico de técnicas próprias, devendo qualificar-se e aperfeiçoar-se, melhorando continuamente suas atitudes e habilidades profissionais. Ao mesmo tempo ele deve preservar a ética e a credibilidade do instituto da mediação por meio de sua conduta.

São seus deveres, que se constituem em valores pessoais, portanto irrenunciáveis e nunca negociáveis:

> • Imparcialidade – entendida como a inexistência de qualquer conflito de interesses ou relacionamento capaz de afetar o processo de mediação, devendo compreender a realidade dos mediados, sem que nenhum paradigma, preconceito ou valores pessoais venham a interferir em sua intervenção.
>
> • *Independência* – compreendida no sentido de salvaguardar as partes de qualquer informação que possa levá-las a desconfiar de sua conduta em face do processo, atitude que deve ser mantida ao longo de toda a mediação.
>
> • *Competência* – capacidade para efetivamente mediar o conflito, devendo aceitar a investidura de mediá-lo, quando efetivamente tiver os requisitos mínimos e as qualificações necessárias para coordenar o processo.
>
> • *Confidencialidade* – significa que fatos, situações, documentos, informações e propostas, expostos durante a mediação, sejam mantidos sob o necessário sigilo; atitude semelhante devem manter, obrigatoriamente, aqueles que participaram do processo, em relação a todo o conteúdo a ele referente, não podendo ser, eventualmente, chamados para testemunhar em situações ou em processos

futuros, respeitando o princípio da autonomia da vontade das partes, nos termos por elas convencionados, desde que a ordem pública não esteja sendo contrariada.

• *Diligência* – refere-se ao cuidado e à prudência na observância da regularidade, assegurando a qualidade do processo e cuidando ativamente de todos os seus princípios fundamentais.

Em resumo, o mediador deve ser *imparcial*, evitando qualquer privilégio de uma das partes em detrimento da outra durante todo o processo; *independente*, ou seja, não se vinculando a nenhuma das partes envolvidas no conflito antes e durante o processo; *competente*, conhecer profundamente o processo de mediação para bem coordená-lo e, com isso, saber os parâmetros ditados pelas partes a fim de auxiliá-las a decidir; *confidente*, guardando toda e qualquer informação, trazida, oferecida ou produzida no processo para com ambas as partes, e *diligente*, pressupondo-se que não poupará esforços para proceder da melhor maneira possível quanto à investigação dos fatos relacionados à controvérsia.

Dada a razão humana, não existe neutralidade, uma vez que o questionamento do mediador é feito com base em sua perspectiva pessoal a respeito de sua realidade. Em outras palavras, com base em sua visão de mundo, baseado em seus paradigmas, ilusórios, preconceitos, interesses e necessidades. Esse questionamento não deve, no entanto, expressar valores ou leituras que possam direcionar as partes para determinadas soluções. É preciso que se cuide ativa e continuamente da manutenção de um estado de imparcialidade, bem como da equidade de participação dos mediados, mantendo equidistância objetiva e subjetiva e não tomando partido com relação aos temas e às partes que estão sendo mediadas.

Com aprofundado conhecimento sobre comunicação humana, técnicas de negociação e visão sistêmica da controvérsia, o mediador deve promover a facilitação de diálogos em situações que envolvem conflitos. Sua competência resulta de seu domínio dos temas citados, aliado ao domínio da condução do processo. Ele deverá estar permanentemente atento aos vários tipos de comunicação que se estabelecem entre os mediados, percebendo a comunicação verbal, a para verbal e a não verbal existentes, as narrativas que auxiliam a identificar e procurar interesses comuns, divergentes e convergentes e o desequilíbrio de qualquer natureza entre os participantes do processo. Em contrapartida, não poderá oferecer os conhecimentos de sua profissão de origem para assessorar as partes em suas decisões, bem como sugerir ou aconselhar quanto a decisões a serem tomadas.

É imprescindível promover, durante a inter-relação momentânea mediador/mediados, o reconhecimento da existência provisória de uma equipe de colaboradores, que busca auxiliar os mediados a focalizarem suas motivações, articularem a possibilidade de atender um ao outro em suas respectivas necessidades e a legitimarem sua capacidade de solucionar pacificamente as próprias questões, beneficiando-se mutuamente.

Pelas razões expostas, há que se pensar na conduta ideal para o mediador, como o fez de maneira exemplar o Conselho Nacional das Instituições de Mediação e Arbitragem (Conima) ao estabelecer um Código de Ética padrão para mediadores, ou outras instituições internacionais da área que disponibilizam em seus sites tais documentos. Além do Conima (conima.org.br), vale destacar outras instituições, como: a Association for Conflict Resolution (ACR – www.acresolution.org), a American Bar Association – Section of Dispute Resolution – South America Subcommittee (ABA – www.abanet.org), a Associação de Mediadores de Conflitos de Portugal (mediadoresdeconflitos.pt) ou a Comunidade Europeia que elaborou o Código Europeu de Conduta para Mediadores.

O mediador e sua necessária capacitação

Como já afirmado, a mediação aporta novos paradigmas na resolução de conflitos. O eixo de atuação e de referência do mediador, portanto, está estruturado em uma perspectiva responsável de intervenção em realidades distintas confundidas pela limitação das visões pessoais trazidas pelo conflito. Essa atuação centra-se em princípios diferentes daqueles aos quais a sociedade está habituada em seu cotidiano e são obtidos com o nascimento da cooperação baseada na conscientização de que o conflito é inerente a toda e qualquer inter-relação, e deve ser enfrentado. Por isso, o profissional que atuará nessa atividade deve buscar a capacitação que lhe proporcione, partindo dessas premissas fundamentais, romper com a lógica binária do ganhar para não perder, do certo ou errado, do culpado ou inocente, ou mesmo das concessões mútuas, obtendo assim o reenquadramento da inter-relação entre os mediados e permitindo uma gestão do conflito mais pacífica em que, posteriormente, todos ganhem com sua resolução ou transformação, pelo método empregado.

A capacitação em mediação, além de oferecer os aspectos citados no parágrafo anterior, deve conter um estudo mais aprofundado do conflito e de todas as suas diversas manifestações, sejam elas latentes ou manifestas. Como ele nasce, floresce e dá frutos partindo da auto-observação que limita, e muito, o campo de visão das pessoas e suas diversas interações na sociedade, o mediador passa também por um aprendizado que deve percorrer, passo a passo, o procedimento todo para que os novos conceitos trazidos sejam incorporados de maneira lenta e gradual. Esse aprendizado privilegia a prática de forma gradual e permite ao mediador incorporar todas as técnicas da mediação, as quais se constituem em suas ferramentas fundamentais de trabalho. Nesse processo, ele passa por estudos relativos a diversos temas que envolvem a inter-relação pessoal, profissional ou comercial, privilegiando a interdisciplinaridade – que envolve conhecimentos das diversas áreas de atuação do ser humano –, extraindo de todas elas tecnologia a serviço das partes.

O mediador deve submeter-se a um treinamento que, segundo Tania Almeida, promova a escuta, a fala e o questionamento, a fim de provocar a reflexão. Precisa, também, manter-se imparcial, mesmo em situações que mobilizam muita emoção ou geram identificação com as partes. Além disso, a não oferta, pelo mediador, de conhecimentos profissionais para assessorar as soluções vislumbradas pelos mediados torna indispensável a consulta a outros profissionais em busca de embasamento legal e técnico para as decisões a serem tomadas. Tal assessoria legal é indispensável, visto que nenhuma solução pode ferir o Direito.

Não se pode deixar de notar, muito embora esse tema seja objeto do próximo capítulo, que a capacitação em mediação deve privilegiar a prática supervisionada, sem o conceito da crítica e da indicação do que é certo ou errado, mas para apontar as eventuais dificuldades observadas no aprimoramento das habilidades peculiares a cada profissional embasada na construção da efetiva criatividade e inovação. Tudo isso em favor dos usuários do procedimento, razão principal da atividade, não se esquecendo dos cuidados que se deve ter com o próprio mediador.

Consciente dessas premissas e com base na experiência prática adquirida em mais de onze anos de atividade na capacitação de mediadores no Brasil, na Argentina, em Portugal, em Angola, na Alemanha e em Cabo Verde, recomenda-se um programa que estabeleça 120 (cento e vinte) horas mínimas de aprendizado teórico e posterior aprendizado prático de no mínimo 50 horas, com monitoramento e supervisão dos trabalhos desenvolvidos, *feedbacks* após as reuniões de mediações e relatórios específicos para uma reflexão acerca do que foi objeto de análise e estudo na reunião de mediação e o estabelecimento de estratégias para as reuniões futuras.

Estudos recentes apontam que o mediador só pode se considerar e ser legitimado pela sociedade como tal após, no mínimo, dois anos de prática constante na coordenação do procedimento, isto é, exercitando a mediação em casos reais. E esse foi o método adotado nos países citados, cuja base foi um modelo dinâmico que não se restringe aos principais modelos de mediação, mas extrai de todos eles suas técnicas, adaptando-as às necessidades dos usuários.

Supervisão, orientação ou intervisão em mediação de conflitos

A supervisão consiste em um processo de aprendizagem em que um profissional mais experiente orienta outro ou mesmo um estagiário em seu desenvolvimento. Está lastreada na premissa de que um olhar mais habilitado toma como exemplo a experiência vivenciada na prática para a promoção do aprendizado aliado à reflexão sobre a teoria aplicada a casos reais. Busca, portanto, recuperar sistematicamente os princípios teóricos a serem implementados na rotina da atividade profissional, facilitando a incorporação gradual dos conhecimentos oferecidos pelos livros e pelo professor para a efetiva realidade prática. A supervisão ocorre por um período determinado, mas poderá ser permanente, caso os profissionais o desejem ou suas atividades o exijam.

Em mediação de conflitos a supervisão é imprescindível por diversas razões, entre as quais se destacam: a garantia da boa evolução do profissional, a possibilidade da efetiva incorporação das técnicas pacificadoras na gestão, a resolução ou a transformação de conflitos e, sobretudo, a constituição de um incentivo ao estudo permanente. Ela é realizada pela observação do profissional mais gabaritado de todas as ações empreendidas pelos menos experientes ao longo de todas as reuniões no processo de mediação. Nela o supervisor e todos os profissionais que participam da mediação trocam ideias, impressões, estratégias e técnicas antes, durante e após o processo. A supervisão visa a propiciar aos participantes a aplicação prática da teoria recebida, por intermédio da vivência em casos reais, a fim de identificar habilidades e eventuais dificuldades na coordenação e na observação da mediação. Além disso, os comentários, tomados como observações e nunca como críticas negativas ao que foi desenvolvido, durante os intervalos e as reuniões de *feedback*, são oferecidos sem exceção por todos os participantes da equipe e contribuem com o aprendizado. Permitem, ainda, o enriquecimento não apenas de um profissional, mas de todos em conjunto. Cabe enfatizar, sob esse aspecto, que o fato de a mediação se desenvolver em etapas e, usualmente, demandar no mínimo três reuniões, permite que a supervisão seja útil tanto para o indivíduo quanto para o grupo.

A implementação da mediação supervisionada precisa ser feita por relatórios elaborados pelos profissionais que desenvolverão seus trabalhos, a fim de que se reflita sobre tudo o que foi trabalhado durante o procedimento, servindo como aprendizado para todos. Tais relatórios consistem na elaboração, por escrito, de toda a dinâmica da mediação, exigindo reflexão acerca das técnicas utilizadas, e deverão ser lidos pelo supervisor para que ele possa fazer os devidos comentários ao profissional que o elaborou.

A supervisão pode ser presencial, como no exemplo anterior, ou posterior à mediação não presencial. Neste caso, as reuniões de todos os participantes com o supervisor são realizadas momentos, dias ou até mesmo uma semana após a reunião de mediação, discutindo-se o trabalho feito e estabelecendo-se as estratégias para as reuniões futuras. Assim como na presencial, a elaboração de relatórios é imprescindível, pois efetiva a avaliação do conteúdo para o acompanhamento passo a passo da evolução do profissional em sua capacitação.

As mediações supervisionadas, portanto, são imprescindíveis para a boa evolução dos profissionais que desejam se capacitar como mediadores. Por esse motivo, após a conclusão de um curso teórico, por mais que este inclua simulações, recomenda-se a prática de casos reais, porque apenas estes propiciarão reflexão e questionamentos.

Já os estágios nessa área devem permitir ao profissional colocar-se nas três diferentes posições no exercício da mediação – mediador, co-mediador e observador. A carga horária mínima exigida por diversos países é 100 horas, mas para o desenvolvimento e a implementação de serviços pode-se aceitar o mínimo de 50 horas na coordenação do processo de mediação.

ÁREAS DE UTILIZAÇÃO DA MEDIAÇÃO

Mediação familiar

Os conflitos e as disputas em família, que é, segundo a Constituição Federal, a base da sociedade e está sob proteção especial do Estado, são numerosos e variam em graus de intensidade e gravidade. São na verdade fruto da evolução dos diversos níveis relacionais nela existentes. Deveriam ser considerados naturais a qualquer laço familiar, porém, em razão de estarem intrinsecamente ligados à perspectiva de abalo na estrutura interna de cada indivíduo, são vistos de maneira negativa, o que acaba por dificultar sua resolução pela negociação direta entre os envolvidos. Sob esse aspecto, o conflito acaba por gerar a necessidade da busca de um terceiro, na maioria das vezes o advogado, que postulará junto ao Estado, para que o juiz diga quem tem direito, razão e de quem é a culpa da existência do conflito.

Para bem compreender a atividade da mediação no direito de família, deve-se entender claramente como se dá a intervenção de um terceiro independente, imparcial e alheio ao conflito, que não dará continuidade ao paradigma de que a sociedade está acostumada a terceirizar a resolução de questão controversa. Ao contrário, ele proporcionará um momento de diálogo, em que a cooperação e o respeito são imprescindíveis para que os próprios atores busquem a solução e propiciará a reflexão, o questionamento, com base em paradigmas distintos dos já citados, sobretudo tendo como pressuposto o eixo referencial de que todos sairão ganhando com o conflito e sua resolução ou transformação.

Importa salientar que essa intervenção de nada adiantaria caso fossem mantidas as noções de culpa. Ou a procura do "certo" em detrimento do "errado", ou mesmo a quem assiste o direito ou a razão. Na verdade, esta é uma lógica binária, baseada no bem e no mal, que, no procedimento da mediação, é traduzido pela conscientização das responsabilidades e dos papéis que cabem a cada um deles, tendo um terceiro, e como consequência da nova dinâmica, uma lógica ternária. Responsabilidade não só pela situação geradora do conflito, mas também por tudo que está sendo objeto da mediação, além de, evidentemente, tudo a que irão assumir como compromisso no futuro. Nesse sentido, parte-se sempre da premissa de que o conflito não só decorre da estrutura relacional existente, mas sobretudo, de eventuais intenções atribuídas e expectativas pessoais não atendidas de cada um dos envolvidos.

Tais conceitos trazem em seu bojo a redefinição de que a família constituída de pai, mãe e filhos não acaba com o nascimento do conflito que levou ao pedido de separação, por exemplo. Pelo contrário, é a construção de outro laço parental, lastreado no respeito à individualidade e às limitações pessoais. Na realidade, o que termina é a relação do casal homem/mulher, ou seja, a relação conjugal, e não de pai, mãe e filhos, isto é, a relação parental, pois esta é indissolúvel. Além disso, prioriza o dever constitucional da família, da sociedade e do Estado de assegurar proteção à criança e ao adolescente com relação a seu "direito à vida, à saúde, à alimentação, à educação, ao lazer, à profissionalização, à cultura, à dignidade, ao respeito à liberdade e à convivência familiar e comunitária, além de colocá-la a salvo de toda forma de negligência, discriminação, exploração, violência, crueldade e opressão".

Nos casos em que inexiste filiação, a mediação poderá cooperar para que o relacionamento findo de um casal o seja de forma mais pacífica, colaborando nas tratativas para sua conclusão de forma mais equilibrada e equânime para os envolvidos no conflito. Ao mesmo tempo permite que as consequências da separação repercutam da maneira menos traumática possível para todos. Desse mesmo modo são encarados os conflitos decorrentes de todos os demais laços de parentesco, primando por formas mais criativas de resolução dos conflitos. Assim é que questões entre irmãos, primos, tios, sobrinhos podem ser muito bem solucionadas ou ao menos transformadas quando são levadas à mediação, pois proporcionam aos que dela se valem soluções inovadoras e criativas, ao mesmo tempo em que se resgatam os laços de harmonia nelas existentes.

Vale lembrar, ainda, que mediação não se confunde com terapia ou aconselhamento, pois o papel do mediador, apesar de ser facilmente confundido com o do psicólogo ou do conselheiro, é distinto, uma vez que não há um diagnóstico seguido de tratamento terapêutico e, muito menos, um parecer apoiado no ideal de sugestões para o relacionamento familiar.

Mediação empresarial e organizacional

A intervenção de um terceiro facilitador do diálogo e da negociação cooperativa entre duas ou mais pessoas jurídicas parte da premissa da gestão e da administração da controvérsia pelo pressuposto óbvio de que "o passado já passou". Busca-se com isso evitar perda de tempo em discussões estéreis, em que muitos falam e quase ninguém se escuta, durante horas improdutivas. Em alguns casos o cansaço de alguns leva à apresentação de propostas favoráveis para um lado em detrimento de outro. E, muitas vezes, não se procede a uma análise mais detalhada das questões envolvidas, tomando-se por base unicamente os aspectos econômicos e objetivos da controvérsia. Isso resulta em um acordo, que corre o grave risco de ser descumprido, agravando assim a controvérsia.

É justamente nesse aspecto que a intervenção do mediador nas relações empresariais é fundamental. Ao trazer o questionamento da relação existente entre os mediados, sejam elas decorrentes de crédito/débito, transações comerciais, financeiras ou imobiliárias, empreitadas, relações de franquias, operações com seguros, questões societárias, questões internas das empresas etc., o mediador o faz fornecendo elementos para a reflexão baseados em fatos daquela relação no passado e no presente com vistas à construção de um futuro. Dessa maneira, há um reenquadramento da questão controversa e buscam-se opções que poderão levar às soluções.

A mediação deve levar os envolvidos a pensar que o presente e o futuro dependem deles e a eles cabe construir uma relação mais madura, ou, ainda, que eles poderão encerrá-la de modo mais pacífico. Em outras palavras, o profissional da mediação traz a positivação do conflito demonstrando o que foi gerado pela estrutura relacional existente entre eles, partindo da conscientização de que o futuro está em suas próprias mãos.

Observa-se nesse tipo de mediação que a ansiedade e a pressão por um resultado rápido e imediato é um elemento constante e fator decisivo e prioritário, em que o mediador deverá buscar a conscientização de que o que está em jogo é ou são, ou foram, relações importantes para a consecução de seus negócios, sejam operações que envolvam pequenas ou grandes quantias. Por isso, ele deverá estar alerta para os discursos apresentados pelos empresários ou executivos representantes de empresas comerciais, industriais, financeiras, agrícolas, hospitalares etc., pois estão impregnados de fortes argumentos de convencimento, que encobrem os efetivos interesses, necessidades e missões das próprias empresas ou organizações. Não se quer dizer com isso que seu objetivo é ludibriar a outra parte. Significa, sim, o vão resultado de que o discurso já estruturado é trazido de forma defensiva, por constituir-se na falsa crença de que é a melhor opção para a situação existente, ou para as duas ou mais empresas que se propuseram a levar suas controvérsias à mediação.

É importante lembrar que nesses procedimentos se está lidando com pessoas, com sua própria visão a respeito do objeto da controvérsia. Além disso, em suas posições, os aspectos subjetivos afloram, criando uma perspectiva parcializada e limitadora. Esse fato acaba por dificultar ainda mais a resolução da controvérsia. Por isso é importante apontar nesses procedimentos todas as questões subjetivas, não no sentido de eliminá-las da negociação, mas, sim, de identificá-las, acolhê-las e dotá-las da devida relevância para posterior encaminhamento ao longo do procedimento.

Além disso, muitas controvérsias nessas relações são fruto do descumprimento de cláusulas contratuais. Sob esse aspecto, impende observar que o contrato, ao ser elaborado, atende, a princípio, a determinadas expectativas dos contratantes, que muitas vezes não são plenamente atendidas ao longo de sua execução. Por esse motivo, a mediação nesses casos tem resultado na elaboração de uma nova relação e no nascimento de um novo contrato cuja premissa básica são novas perspectivas das partes, inclusive com a inclusão de elemento de fatores mutáveis da economia.

Mediação trabalhista

A mediação nas relações capital/trabalho remonta à própria história da atividade em território brasileiro. Auditores do Ministério do Trabalho, já em meados da década de 1980, conscientes de que sua responsabilidade social ultrapassava a simples função de fiscalização, tiveram experiências que primavam pelo equilíbrio entre aqueles dois polos, por intermédio da flexibilização da aplicação da lei e por um diálogo mais aberto entre os protagonistas. Muitas dessas experiências eram empíricas e objetivavam a pacificação daquelas relações, por um convívio mais harmonioso que primasse pelo reconhecimento e pelo respeito do papel de cada um.

Tendo em vista tais experiências, buscou-se implementar no país um papel mais ativo na gestão e na resolução de controvérsias trabalhistas para o Ministério do Trabalho. Com esse propósito é que a Lei 10.101 (19.12.2000) foi promulgada. Ela dispõe sobre a participação dos trabalhadores nos lucros e nos resultados das empresas, prevendo em seu art. 4º que nesses tipos de negociações entre empregado e empregador, caso haja impasse, se estabeleça a possibilidade de uso da mediação, coordenada por mediador independente, pertencente ao quadro oficial do Ministério do Trabalho e Emprego ou, ainda, de mediador vinculado a alguma instituição privada ou independente, escolhido de comum acordo entre as partes. Essa lei é fruto de uma Medida Provisória, cuja primeira edição data de 1994. Daí em diante, passou o Ministério do Trabalho e Emprego a responder pelas funções de administração e tentativa de resolução daquelas controvérsias, já que os protagonistas não confiavam em outros órgãos. Esse texto legal, por outro lado, é adotado na maioria dos casos pelas categorias econômicas e profissionais sem seus principais norteadores, pois estabelece programa de envolvimento entre capital e trabalho em prol do desenvolvimento sustentado da empresa. Seu objetivo é impulsionar as atividades das empresas e com isso a própria remuneração de seus empregados, auxiliado por um sistema inovador de resolução de disputas.

Em contrapartida, no bojo das medidas econômicas implementadas com o Plano Real naquele mesmo ano de 1994,

foram adotadas medidas complementares, como a desinde-
xação da economia, acompanhada por outras, como o ex-
purgo do reajuste automático de salários. Nasceu, então, o
reajuste anual dos salários com base na variação do índice
de Preços ao Consumidor do Real (IPCR) acumulado dos últimos doze meses até a data-base anterior. Essa previsão legal
está estabelecida nos arts. 9º, 10 e 11 da Lei 10.192 de 14 de
fevereiro de 2001, que manteve a data-base das diversas categorias econômicas, porém exige que sejam entabuladas negociações para regramento das relações capital/trabalho da
categoria. O art. 11 mais especificamente estabelece a possibilidade de, uma vez frustrada a negociação, as partes utilizarem mediador, inclusive do Ministério do Trabalho, para
estimular uma solução negociada, devendo este fazê-lo no
prazo máximo de trinta dias. E, caso não cheguem a um consenso, deverá ser lavrada ata negativa com as causas motiva-
doras do conflito e as reivindicações econômicas, documento
esse que instruirá a representação para ambas as partes para
a instauração do dissídio coletivo. Esses dispositivos foram re-
gulamentados, como prevê a referida lei, pelo Decreto nº
1.572 de 28 de julho de 1995 e pelas Portarias do Ministério
do Trabalho nºˢ 817 e 818, de 30 de agosto de 1995.

Como resultado, o Ministério do Trabalho e Emprego
assim como o Ministério Público do Trabalho desempe-
nharam e desempenham atualmente papel muito importante
na administração daqueles conflitos, muito embora, por estarem à frente da função pública, encontrem-se limitados à

rigidez prevista na legislação e à restrição a eventuais parcelamentos de débitos trabalhistas.

Por outro lado, as vantagens oferecidas pela mediação, como a análise da própria relação, não são atualmente aproveitadas em sua plenitude. A desconfiança mútua entre os atores envolvidos naquelas relações ainda é um fator de flagrante enfrentamento, o que acarreta a procura frequente do Judiciário para que seus direitos sejam garantidos, sem pensar na efetiva busca da solução do conflito que passa pelos dois polos da relação. Até hoje passa despercebido que um lado depende do outro. O capital não existirá se não houver trabalho, e vice-versa, apesar de ambos terem interesses e necessidades distintos, mas de mútua dependência. Essa dependência é pouco valorizada, motivo pelo qual o Brasil é um dos países com o maior número de demandas judiciais na área trabalhista.

Mediação ambiental

Data de 1981 a primeira iniciativa brasileira em normatizar os direitos difusos identificados de forma pioneira em 1974 pelo grande jurista italiano Mauro Cappelletti em seu artigo "Formações sociais e interesses coletivos diante da Justiça Civil", colocando um ponto final na evidência da dicotomia entre o direito público e o privado. Com o advento da Lei 6.938/81 (Política Nacional do Meio Ambiente) inaugurou-se, também, no país, o Direito Ambiental, que em 1988 foi ampliado pela Carta Magna, com a previsão de um capítulo próprio, o de número VI, no âmbito do Título VIII, Da Ordem Social.

Tal previsão constitucional estabelece que a todos cabe o direito ao meio ambiente ecologicamente equilibrado, considerado um "bem de uso comum do povo e essencial à sadia qualidade de vida, impondo-se ao Poder Público e à coletividade o dever de defendê-lo e preservá-lo para as presentes e futuras gerações". Esses deveres, em face do gigantismo do território nacional, gerou uma legislação caracterizada por complexa gama de leis, decretos, portarias, instruções normativas etc., ou seja, um cabedal de textos legais inspirados no preceito constitucional citado.

Consagrou-se, ao mesmo tempo, o princípio fundamental da competência de legislar e fiscalizar de maneira concorrente entre os diversos órgãos e poderes da nação brasileira, quer de âmbito municipal, estadual ou federal. O resultado é um emaranhado de obrigações para os diversos setores econômicos, exigindo-lhes atenção aos distintos objetivos dela decorrentes.

Como espécie do gênero direito difuso, o direito ambiental é caracterizado pela indeterminação dos sujeitos, indivisibilidade de seu objeto, existência de vínculos fáticos entre os titulares, transição e mutação no tempo e no espaço e, por último, intensa litigiosidade interna. Constituem-se, assim, direitos dispersos por toda a sociedade, que poderão se contrapor entre si. Nesse sentido, ao se pensar na proteção de determinado recurso hídrico, por exemplo, se opõe o interesse de uma indústria em manter sua atividade econômica, ao mesmo tempo em que seus empregados buscarão a manutenção de seu emprego e a população ribeirinha, por seu lado, objetiva a possibilidade de usufruir daquele recurso hídrico. Percebe-se claramente a ampla gama de interesses contrapostos, todos eles legítimos, ao se fazer uma primeira avaliação da questão.

Como se trata de objeto que demanda respostas imediatas, sob pena de colocar em risco até mesmo a sobrevivência de determinado território ou população, devem-se buscar mecanismos de resolução de conflitos ágeis que permitam vislumbrar soluções criativas e mais adequadas às necessidades de todos os envolvidos, bem como o dever prioritário de preservar o meio ambiente. A mediação de conflitos nessas questões tem-se mostrado um sistema adequado, pois possibilita o diálogo entre todos os envolvidos, proporciona a conservação e melhora da inter-relação existente e, em um segundo momento, permite a prevenção de futuras disputas, ao mesmo tempo em que leva à conscientização ecológica daqueles atores, pelos compromissos assumidos ao longo do procedimento.

Nos últimos anos, tem-se notado a priorização de condutas que privilegiam soluções negociadas de parte dos agentes públicos responsáveis pela fiscalização e preservação do meio ambiente. O Ministério Público Federal e Estadual, os órgãos estaduais e municipais ligados ao meio ambiente têm desempenhado importante papel ao priorizarem o diálogo

sobre as questões ambientais, com base na cooperação. Seu objetivo é estabelecer compromissos a serem efetivamente cumpridos, por estarem identificados com os interesses reais de todos os envolvidos, nos limites impostos pela norma jurídica e adequados à prioridade de preservar o meio ambiente.

Na realidade, a iniciativa daqueles órgãos deve ser incentivada e eles podem contar com o auxílio de órgãos especializados em conflitos e mediadores independentes, para proceder em conjunto a uma análise mais detalhada da questão ambiental controversa. Assim é que a abordagem integrada, das múltiplas variáveis que compõem os conflitos ambientais, permite orientar a reflexão para a conscientização ecológica de todos, parâmetros fundamentais para a construção de estratégias a futuro, as quais devem estar em sintonia com os imperativos do desenvolvimento e em bases mais sustentáveis e coerentes com a legislação em vigor, cujo objetivo fundamental é a preservação de todos os recursos ambientais naturais. Não como uma tentativa de substituir a prestação jurisdicional estatal, mas como um auxílio a esse serviço prestado pelo Estado.

Mediação comunitária

Na era da globalização as mudanças na ordem social, política, econômica e cultural têm demonstrado ser cada vez mais profundas e aceleradas. Os ilusórios, os preconceitos e paradigmas sociais existentes há dois anos são substituídos por outros, e assim sucessivamente. Essa situação acaba por oferecer a transformação permanente da comunidade e da forma de sociabilidade dos indivíduos pertencentes a uma população de uma cidade, região ou comunidade. Esse convívio gera numerosas inter-relações e acaba por se constituir em fonte inesgotável de conflitos que demandam a busca por respostas urgentes para que a convivência seja baseada no respeito e no reconhecimento mútuo de diferenças.

A mediação comunitária promove essa busca e contribui para a criação de espaços de diálogo em que as pessoas transmitem suas diferenças e constroem de maneira participativa, dinâmica e pacífica seus respectivos lugares na sociedade. Permite também estabelecer canais facilitadores para a articulação política, institucional e social, convidando a todos, ao mesmo tempo, para uma reflexão responsável sobre a diversidade das temáticas da realidade atual e constituindo um desafio para o mediador comunitário em preservar uma sociedade pluralista, equitativa e integradora.

Segundo os mediadores argentinos Nató, Querejazu e Carbajal, a mediação comunitária poderá ser utilizada em conflitos existentes em uma comunidade – como relações entre vizinhos de uma área urbana ou campestre –, a que chamaram de conflitos em uma comunidade; para auxiliar nas soluções de conflitos que denominam de público – como um grupo de vizinhos de uma empresa que, por não ter espaço próprio leva seus funcionários a atrapalharem o trânsito da região; ou em questões culturais, que envolvem temas como etnia, minorias, imigração e exclusão social.

Ressalta-se que tal tipo de mediação não está voltada apenas para a população com baixos recursos. Na verdade, ela é de tal forma ampla que pode ser usada por todas as classes sociais, pois pressupõe a pacificação da sociedade como um todo e não de determinada classe. Por isso, convém ressaltar a importância de ser incluída como política pública pelo poder constituído.

Mediação escolar

Na escola há a possibilidade de se fazer um programa de mediação preventivo, ou mesmo pontual, quando a controvérsia já está instalada. Um programa de mediação escolar outorga a possibilidade de intervir em uma organização complexa, com um dispositivo que favorece a comunicação, a integração, a colaboração, a participação e o compromisso de todos os membros da comunidade escolar.

O uso da mediação para resolver disputas e controvérsias nas escolas permite maior comunicação entre alunos, docentes, diretores, coordenadores e pais, gerando melhor clima de convivência.

A implantação de um programa de mediação facilita a redução dos níveis de violência, de ausências e de suspensões, pela possibilidade de os alunos conversarem entre si e com as demais "autoridades" sobre seus conflitos e dúvidas. A participação em um programa desses ajuda tanto os jovens quanto os adultos a aprofundar a compreensão de si mesmos e dos demais, pois ensina atitudes de resolução pacífica de disputas para toda a vida.

Muda-se o paradigma de que os adultos devem resolver os conflitos para os jovens, fazendo que estes e as crianças se responsabilizem desde pequenos por seus atos e opções. Esse processo permite reconhecer que o jovem é competente para participar da solução de seus próprios conflitos e, com isso, alimentam-se o crescimento, a autoestima e ensinam-se atitudes básicas para a sua formação, ou seja, escutar, ouvir o outro e enfrentar conflitos de forma pacífica. Representa um modelo de intervenção que promove a escuta respeitosa, a participação ativa, o trabalho cooperativo e o desenvolvimento da criatividade.

Quando a mediação é realizada não como um programa, mas sim pontualmente, funciona entre diretores, professores, alunos e funcionários, possibilitando a "limpeza" dos conflitos entre os vários setores e dentro deles, com a ajuda de um mediador externo.

Mediação no terceiro setor

Estudos recentes mostram que o Terceiro Setor no Brasil já responde por 2% do Produto Interno Bruto (PIB), representando, sem dúvida, nova instância mobilizadora e de apoio ao enfrentamento dos problemas sociais. Isso acontece porque sabemos que esse setor tem capacidade de gerar projetos de caráter social, gerar recursos, renda, alternativas de trabalho, de empreender iniciativas no mercado, na comunidade e nas organizações não governamentais (ONGs).

O conceito aberto de mediação destaca sua natureza de prática social, como bem salienta Jean-François Six, mediador e filósofo francês: "A mediação é um espaço de criatividade pessoal e social, um acesso à cidadania".

A mediação nas organizações do Terceiro Setor é importante instrumento para a compreensão das relações nas entidades, para a decodificação e a melhoria da comunicação, valendo-se dos conhecimentos de várias disciplinas: Direito, Teoria Geral dos Sistemas, Teoria da Comunicação, Administração, Sociologia, Psicologia e Psicanálise.

A mediação tem o potencial de ser uma ferramenta transformacional para ajudar a desenvolver e promover valores democráticos na organização, pela demonstração significativa de novos padrões de comportamento.

O Terceiro Setor, que abarca as organizações sem fins lucrativos, trabalha em sua maioria com voluntários, pessoas comprometidas com a causa escolhida, trabalhando sem nenhuma remuneração, simplesmente impulsionadas por suas motivações e opções pessoais, em que acontecem focos de conflitos que possibilitam a utilização da mediação.

Nos trabalhos já realizados nessas organizações, observa-se que, além do caráter informativo da mediação, o caráter reflexivo favorece os grupos de voluntários, que em muitos casos desconhecem a filosofia contemporânea do Terceiro Setor que enfatiza o comprometimento do voluntário.

A mediação pode ser feita entre entidades, ou mesmo, dentro delas, em que é utilizada entre voluntários, entre voluntários e funcionários, entre diretores e coordenadores e entre os próprios membros da diretoria.

ASPECTOS JURÍDICOS DA MEDIAÇÃO

A mediação de conflitos e os advogados

Diante do desconhecimento da mediação de conflitos no país, a pergunta sobre o recurso dos advogados a esse procedimento é cada vez mais frequente. Constitui-se, normalmente, no questionamento inicial formulado quando realizam seu primeiro contato com a mediação. Assim é fácil notar a natural preocupação dos advogados diante de um método bastante diferente daquele que estão acostumados a manejar, para o qual não foram treinados quando frequentaram os bancos universitários e, portanto, do qual poderiam se sentir alijados.

A resposta a tais questionamentos não se limita a um simples aspecto, mas a diversos, pois aqueles profissionais desempenham papel fundamental antes, durante e depois de iniciado o processo de mediação. Em outras palavras, a participação dos advogados na mediação de conflitos é muito importante em todas as reuniões realizadas, sejam conjuntas ou separadas entre os mediados e o mediador. Facilitará, e muito, a preparação para o procedimento, as tomadas de decisões durante este, bem como o encaminhamento legal dos compromissos nele assumidos. Em resumo, os serviços prestados por todos os profissionais da área do direito são imprescindíveis em qualquer momento do processo, já que são indispensáveis desde a entrevista prévia até a assinatura formal da solução ou soluções alcançadas, mesmo porque será vedada qualquer conclusão de um processo sem uma avaliação mais profunda dos aspectos legais incidentes na questão controversa, conforme rezam numerosos códigos de ética e deontologia de mediadores de diversas partes do mundo.

Em um primeiro momento a preparação dos mediados para a mediação é muito importante, pois será necessário implementar na inter-relação existente a mudança do paradigma da imposição para o da cooperação. Para tanto, os profissionais da mediação necessitam da colaboração dos advogados, que fornecerão os esclarecimentos necessários sobre o procedimento e seus objetivos. Por essa razão, os advogados deverão não só estar cientes das intenções de seus clientes em participar de um processo de mediação, mas também conhecer o Código de Ética e o Regulamento Institucional que regem a prática do mediador eleito para orientar adequadamente seus clientes.

Durante o procedimento da mediação é natural, e muito frequente, haver dúvidas sobre os direitos e os deveres dos mediados. Eventuais preocupações acerca de determinadas propriedades, de aspectos legais do contrato e de uma série de questões relevantes e inerentes ao diálogo cooperativo se interpõem. Aos advogados, nesse aspecto, cabe prestar tanto o esclarecimento necessário quanto todo assessoramento legal sobre aquelas questões.

Além disso, importa enfatizar que o mediador, como já afirmamos, tem o dever ético de exigir dos mediados a devida assistência legal com relação aos compromissos assumidos no acordo alcançado, quando advogados não estiverem presentes durante o processo. Nesse sentido, também se faz imprescindível a orientação legal por advogados daqueles que participaram do processo, apontando os diversos desdobramentos dos compromissos assumidos.

Convém ainda lembrar que o mediador, ao intervir, oferece informações fundamentais sobre os limites e o alcance de seu trabalho e deve manter abertas as portas para a participação dos advogados nas reuniões de mediação. Em contrapartida, é fundamental que estes últimos acompanhem a evolução de seus clientes durante todo o processo, a fim de conhecer passo a passo eventuais mudanças de seus clientes.

Ao final do processo de mediação, ao mediador cabe auxiliar as partes na redação das soluções alcançadas, quer parciais, quer totais. Recomenda-se, nesse primeiro momento, que a linguagem adotada não se preocupe com a tecnicidade jurídica, mas, sim, com os interesses efetivos das partes. Serão, portanto, os advogados destas que deverão dar formatação técnico-jurídica à solução ou às soluções, para efeitos de homologação no Judiciário ou em outro caminho determinado em lei, como registro junto no notariado etc.

Deve-se lembrar também o que dispõe o art. 2º, parágrafo único VI, do Código de Ética e Disciplina da Ordem dos Advogados do Brasil, que estabelece ser um dever dos advogados estimular possíveis composições entre as partes, prevenindo, se for possível, a instauração de litígios. Com base nesse dispositivo, percebe-se claramente que a eles cabe também o relevante papel de conhecer a mediação não só para poder atender ao previsto em seu Código de Ética, mas sobretudo, para melhor assessorar seus clientes, que muitas vezes desejam solucionar seus conflitos por métodos mais pacíficos e não apenas pela via judicial.

Assim é que o advogado, atualmente, necessita de mais conhecimentos sobre o procedimento da mediação, a fim de estar preparado para responder aos interesses de seus clientes não somente pela via do litígio, mas também por outros métodos, como a mediação. Faz-se necessário, portanto, que ele conheça o procedimento e os profissionais que atuam na área, para indicar o que melhor atenda ao conflito e ao perfil dos mediados.

Por outro lado, as rápidas mudanças da sociedade moderna, o dinamismo do desenvolvimento tecnológico e a evolução permanente dos meios de comunicação, entre outros, exigem do advogado uma conduta mais dinâmica para melhor satisfazer aos interesses de seus clientes. Por isso, ele poderá atuar em mediação ao lado de profissionais de outras áreas, desde que respeite os requisitos éticos, atuando apenas com pessoas físicas ou jurídicas com as quais não tenha tido nenhum tipo de relação anterior, e capacitando para exercer essa atividade.

O advogado, ao incentivar esses novos paradigmas, estará efetivamente exercendo seu mais nobre ofício que é o de promover a justiça para seus clientes, auxiliando-os na busca por suas reais motivações. Além disso, já é tempo de este profissional saber que a mediação de conflitos é um acordo de vontades e, como tal, um contrato.

O contrato de mediação ou o termo de compromisso de mediação

Há que se lembrar do fundamento legal que baseia a mediação, ainda que nossa legislação não a preveja formalmente. A mediação não se constitui um instrumento novo, pois suas origens remontam à antiga China, onde, segundo Confúcio, era o principal recurso para resolver desavenças. Sua natureza jurídica é contratual, posto ser duas ou mais vontades orientadas para um fim comum de contratar um profissional para que este as auxilie a produzir consequências jurídicas, extinguir ou criar direitos, baseados nos princípios da boa fé e da autonomia das vontades, preservando durante seu procedimento o da igualdade das partes, pressuposto processual do direito pátrio brasileiro.

Como contrato pode ser classificado como plurilateral por estarem ajustadas no mínimo três pessoas físicas ou jurídicas. Consensual, uma vez que nasce do consenso entre as partes envolvidas. Informal, visto pressupor regras flexíveis de acordo com os interesses das partes. Oneroso, posto ser objeto de remuneração ao profissional que colaborará com os mediados. Em resumo, é um contrato de prestação de serviços, no qual as partes contratam, de comum acordo, um mediador para auxiliá-las na busca de soluções para o conflito que estão enfrentando. Portanto, ele possibilita a criação de um contrato e/ou compromissos assumidos a futuro, constituindo-se seu objetivo principal. E, como contrato, destaquemos com base em seus princípios e norteadores os seguintes requisitos mínimos:

- qualificação completa das partes e de seus advogados, devendo estes apresentar os documentos legais que lhes conferem poderes de representação legal, nos termos da lei;
- qualificação completa do mediador e do co-mediador, se for o caso de co-mediação;

- regras estabelecidas para o processo;
- número indicativo de reuniões para o bom andamento do processo de mediação;
- honorários; despesas incorridas durante a mediação e formas de pagamento, os quais, na ausência de estipulação expressa em contrário, caberão às partes na mesma proporção;
- uma cláusula que disponha que qualquer das partes, assim como o mediador, pode, a qualquer momento, retirar-se da mediação, comprometendo-se a um pré-aviso ao mediador, e vice-versa;
- uma cláusula obrigatória de confidencialidade absoluta relativa a todo o processo e conteúdo da mediação, nos termos da qual as partes e o mediador se comprometem a manter em total sigilo a realização da mediação e não usar nenhuma informação documental ou não, oral, escrita ou informática, produzida durante ou em resultado da mediação, para efeitos de utilização posterior em juízo arbitral ou judicial.

Breve história da introdução do termo mediação ou mediador no ordenamento jurídico brasileiro

Em 1988, os parlamentares responsáveis pela elaboração da Carta Magna brasileira, ao estabelecerem no preâmbulo da Constituição Federal que o Estado brasileiro está fundamentado e comprometido "na ordem interna e internacional com a solução pacífica das controvérsias", deram os primeiros passos para a criação de um ambiente favorável a iniciativas legislativas específicas, com vistas à implementação de instrumentos mais pacificadores de conflitos para a sociedade brasileira. Após a Constituinte observa-se essa tendência na legislação nacional, da qual são exemplos, entre outros, as leis 9.099/95 (Juizados Especiais Cíveis e Criminais), 9.307/96 (Arbitragem), 9.870/99 (Mensalidades Escolares), 10.101/2000 (Participação nos Resultados das Empresas) e 10.192/2001 (Medidas Econômicas Complementares ao Plano Real).

Tal cenário contribuiu para a inclusão das palavras mediação e mediador na qualidade de terceiro imparcial e independente em leis extravagantes, revestindo-se de uma tentativa de implementá-la em situações específicas. Assim é que a Lei 9.870, de 23 de novembro de 1999, em seu art. 4º, prevê a possibilidade do uso de um mediador em casos de conflitos entre pais ou associação de pais e alunos e escolas, decorrentes de reajuste de mensalidades escolares. A redação nela prevista dá margem à confusão entre mediação e outros métodos alternativos de resolução de disputas, em especial a arbitragem. De forma equivocada, prevê a possibilidade de um acordo referente a um valor arbitrado ser fruto de decisão de um mediador. Resultado: na prática seu emprego foi e ainda é quase inexistente na resolução daqueles conflitos, pois não se tem notícia de casos em que tenha sido pelo menos experimentada, não só pela confusão gerada por sua redação, mas também pelo desconhecimento da atividade. Desde o advento de sua primeira edição na forma de uma medida provisória enviada ao Congresso em 1994, sofreu numerosas modificações ao longo de sua tramitação no Congresso Nacional, sendo sancionada naqueles moldes em novembro de 1999.

No âmbito das relações capital *versus* trabalho, leis esparsas também fazem menção ao termo mediação, sem nenhuma preocupação em definir o instituto, como já mencionada nas páginas 100 a 103, quando se tratou da mediação trabalhista.

Breve história sobre o Projeto de Lei de Mediação que tramita no Congresso Nacional

Em 1998 iniciou-se o processo legislativo de tramitação na Câmara de Deputados do Projeto de Lei nº 4.837, que trata da mediação como um todo. De autoria da deputada Zulaiê Cobra Ribeiro, foi aprovado conforme sua redação original pela Comissão de Justiça.

O conteúdo do texto refletia a simplicidade inerente à atividade, sendo composto por sete artigos. Era definida como uma "atividade técnica exercida por terceira pessoa, que, escolhida ou aceita pelas partes interessadas, as escuta e orienta com o propósito de lhes permitir que, de modo consensual, previnam ou solucionem conflitos", podendo ser sobre qualquer matéria "que admita conciliação, reconciliação, transação ou acordo de outra ordem, para os fins que consiste a lei civil ou penal". Há que se dar destaque para o objetivo do legislador, pois não restringiu a matéria objeto de mediação ao âmbito civil, mas ampliou-a, com a inclusão de questões penais em que os instrumentos citados poderiam ser empregados em face da legislação brasileira.

Permitia, ainda, que a mediação pudesse versar sobre parte ou sobre todo o conflito, possibilitava que o juiz, em qualquer tempo e grau de jurisdição, buscasse convencer as partes da conveniência de se submeterem à mediação extrajudicial, ou com a concordância delas nomeasse mediador, estabelecendo o prazo de três meses, prorrogável por mais três, para a suspensão dos prazos inerentes aos direitos em discussão para a tentativa de composição. Criava, com isso, dois tipos distintos de mediação: a judicial e a extrajudicial. A primeira seria realizada durante o curso do processo, seja civil, seja penal, com a coordenação de um mediador judicial, sujeito a compromisso autorizando-o a se escusar ou ser recusado por qualquer das partes no prazo de cinco dias de sua nomeação, aplicando-lhe, no que couber, normas que regulam a responsabilidade e a remuneração dos peritos. Já a segunda é realizada fora do Judiciário, sem regras específicas, como as citadas, para o mediador extrajudicial.

Além disso, antes da instauração do processo, qualquer pessoa poderia requerer ao juiz, sem antecipar-lhe os termos do conflito e de sua pretensão, determinar a intimação da parte contrária a comparecer em audiência de tentativa de conciliação ou mediação. Tal medida poderia estar tanto no âmbito da modalidade judicial quanto da extrajudicial. Estabelecia ainda ser facultado às partes a possibilidade de o resultado da mediação, tanto judicial quanto extrajudicial, ser reduzido a termo e homologado por sentença, valendo como título judicial e produzindo os efeitos jurídicos próprios de sua matéria.

Muito embora o texto refletisse a simplicidade da própria atividade, deve-se enfatizar que um de seus dispositivos deixava abertas algumas questões sobre a figura do mediador. Previa que mediador era qualquer pessoa capaz e com formação técnica ou experiência prática adequada à natureza do conflito. Na realidade, a interpretação relativa ao profissional nessa qualidade levava à pergunta: que capacidade seria essa? Ou qual seria a formação técnica adequada à natureza do conflito? Ou que tipo de experiência prática adequada à natureza do conflito? Enfim, daria margem a numerosas interpretações, o que geraria a necessidade de uma regulamentação para a definição clara de quem poderia ser este profissional que administraria o conflito com as partes, quer no âmbito judicial, quer no extrajudicial. Contemplava, também, um código de ética, determinando que o mediador deveria conduzir o procedimento de maneira imparcial, independente, competente, com diligência e discrição, sendo sempre pessoa física, podendo ser independente ou ligada a alguma instituição especializada.

Em 2000 torna-se público, em atividade promovida pela OAB/SP, um novo texto elaborado por juristas brasileiros, liderados pelo Instituto Brasileiro de Direito Processual. Nele se apresenta, pela primeira vez, a expressão "mediação paraprocessual", com regras específicas para a mediação judicial, não havendo nenhum regramento para a extrajudicial. Estabelecia, outrossim, a obrigatoriedade da tentativa de composição das partes durante o processo e tornava a função exclusiva do advogado. Recebeu naquela oportunidade, e posteriormente, numerosas contribuições para seu aperfeiçoamento, apresentadas por instituições especializadas.

Em 2002, o Projeto de Lei de autoria da deputada Zulaiê Cobra Ribeiro foi aprovado no plenário da Câmara dos Deputados, sendo encaminhado ao Senado Federal para a Comissão de Constituição e Justiça, sob a relatoria do senador Pedro Simon. No ano seguinte, sob os auspícios da Secretaria da Reforma do Judiciário do Ministério da Justiça, realizou-se uma Audiência Pública que reuniu instituições especializadas, profissionais atuantes e membros das Comissões que elaboraram os textos citados, oportunidade em que surgiu a ideia de construir um texto único denominado versão "consensuada", no qual foram modificados numerosos dispositivos, ampliando-se o texto original para 26 artigos. Nasceram então outras modalidades de mediação, além da judicial e extrajudicial: a prévia e a incidental. As duas primeiras poderiam se subdividir em prévia e incidental, sendo a prévia voluntária antes de se intentar uma ação judicial e a segunda logo após a protocolização da ação (petição inicial), sendo levada ao mediador judicial ou extrajudicial antes de o juiz recebê-la. Esta última seria obrigatória e exercida apenas por advogados com mais de três anos de efetivo exercício de profissão jurídica.

Alguns meses após a realização da referida audiência pública, o senador Pedro Simon apresentou substitutivo alterando seus aspectos principais, acolhendo em parte aquela nova redação oferecida pela versão "consensuada". Em junho de 2006, após apresentação de dois ou três relatórios, foi aprovado o relatório final pela Comissão de Constituição e Justiça na forma de substitutivo. No mês seguinte, o plenário do Senado aprovou o novo texto, ampliando o conteúdo do texto original da deputada Zulaiê Cobra Ribeiro de sete para 47 artigos. Hoje se encontra no plenário da câmara para aprovação.

Abaixo seguem seus aspectos relevantes:

1) Objetivo do legislador: descongestionar os Tribunais

A leitura da exposição de motivos e do próprio texto em comento denota claramente a intenção do legislador em incluir a mediação no ordenamento jurídico pátrio como uma das iniciativas para desafogar o Judiciário. Por isso, acabou sendo incluída nas diversas ações da Secretaria da Reforma do Judiciário do Ministério da Justiça, que ofereceu até mesmo contribuições, com outro texto substitutivo e, posteriormente, envidou esforços para acelerar sua tramitação na forma em que foi aprovado no plenário do Senado Federal.

Seria bom lembrar que a motivação original do Projeto de Lei de 1998 não trazia tal intenção quando de seu trâmite na Câmara de Deputados. Presume-se, portanto, que a mediação tal como prevista neste texto tem por objetivo o acordo. Na realidade, esta é a primeira leitura daqueles que não lidam rotineiramente com a atividade. A propósito, deve-se salientar que há aí um equívoco, pois a mediação não visa a um acordo entre as partes envolvidas em conflito, mas sim promover um momento de diálogo e reflexão entre elas pela intervenção do mediador. Assim, o acordo passa a ser o resultado natural a ser alcançado por elas pelo respeito e pela cooperação restabelecida entre elas. É na verdade o resultado natural de uma boa oportunidade de as partes entenderem seus efetivos interesses e necessidades. Nesse sentido, convém enfatizar que este instrumento sozinho não poderá alcançar o objetivo de descongestionar os Tribunais brasileiros. O futuro poderá aportar frustrações caso tal expectativa não seja atendida e com isso a mediação poderá ser considerada ineficaz.

2) A definição de mediação paraprocessual

É peculiar a ideia introduzida com a utilização do termo paraprocessual para mediação de conflitos. Evidentemente, traz à luz a exclusão em tal tipo de qualificação. Como é de conhecimento geral, a mediação é um método de resolução de conflitos em que um terceiro independente e imparcial coordena reuniões conjuntas ou separadas com as partes envolvidas em conflito. Seu objetivo, entre outros, é o de estimular o diálogo cooperativo entre elas para que alcancem a solução das controvérsias com base nos interesses e nas necessidades colocados em causa na existência do conflito. Deduz-se que a intenção do legislador ao oferecer o texto da forma em que se encontra acabou por excluir muitas das experiências em que o País já a vem vivenciando, muito embora isso não implique o impedimento de seu emprego pela titularidade de direitos das pessoas jurídicas ou físicas que desejem dela fazer uso.

Paralelamente, chama à atenção a definição da atividade trazida pelo Projeto de Lei cujo teor acabou por manter a quase totalidade do original oferecido pela deputada Zulaiê Cobra Ribeiro, que estabelece ser uma atividade técnica exercida por um terceiro imparcial, que escuta, orienta e estimula as partes, sem apresentar soluções, com o propósito de lhes permitir a prevenção ou a solução de conflitos. Este conceito leva a alguns equívocos sobre a atividade, pois o mediador em sua intervenção oferece a devolução do poder às partes, já que são elas soberanas nas próprias decisões e o conflito naquele momento acaba por deixá-las sem possibilidade de melhor administrá-la. Em especial, deve-se salientar que a orientação não faz parte da atividade do mediador, pois ao cogitar dessa função perder-se-á sua imparcialidade, uma vez que ele as orientará conforme seus próprios parâmetros e não os das partes.

3) Exclusão da área penal

O texto original da Câmara permitia o uso da mediação de conflitos em matérias do âmbito penal que admitam conciliação, reconciliação, transação ou acordo de outra ordem. O texto aprovado pelo Senado, no entanto, limitou seu emprego restritivamente ao âmbito civil. Tal fato não deixa de ser um retrocesso, pois é de conhecimento geral experiências da atividade no âmbito penal e nos Juizados Especiais Criminais. É bom lembrar que no Brasil já existem experiências inovadoras e bem-sucedidas ligadas ao movimento de Justiça Restaurativa, em que a mediação é empregada com a participação de pessoas envolvidas com o ato infracional. Os resultados têm levado à redução da reincidência e à reinserção da vítima e do ofensor na sociedade brasileira.

4) Critério de definição sobre modalidades de mediação

O texto prevê quatro modalidades de mediação, a saber: mediação judicial e extrajudicial, que se subdividem em prévia e incidental. O critério escolhido para defini-las é a qualidade do mediador, que será indicado segundo as regras estabelecidas pelas seccionais estaduais da Ordem dos Advogados, caso seja judicial, e pelo Tribunal de Justiça, caso seja extrajudicial. A primeira distinção foi inspirada no texto original da deputada Zulaiê Cobra Ribeiro, porém se referia à mediação judicial realizada dentro do Poder Judiciário e a extrajudicial fora deste último. A opção do legislador conforme o texto aprovado pelo Senado, ao contrário, não adota este critério, mas sim o da divisão entre os profissionais, sendo indiferente o local onde será realizada a mediação. Este pode ser em sede do Judiciário ou fora dele. Tal fato leva ao íneditismo de sua aplicação, pois se desconhece o uso deste critério em outros países.

5) Subscrição pelas partes, por advogados e pelo mediador do "Termo de Mediação"

O texto exige que o acordo resultante da mediação, denominado "termo de mediação", seja assinado pelo mediador, pelas partes e por seus advogados. Além disso, o legislador ao incluir a atividade, quer no âmbito de um processo, quer fora dele, exige a participação do advogado durante todo o procedimento. Correta tal opção, pois a participação de todos é fundamental. Num primeiro momento, para a indicação e a preparação das partes para o procedimento, com os esclarecimentos necessários sobre a mediação e seus objetivos. No segundo momento, durante o procedimento, pois são muito frequentes dúvidas sobre os direitos e deveres das partes, assim como eventuais preocupações acerca de determinadas questões legais, que são relevantes e inerentes ao diálogo que se interpõe. Aos advogados, cabe oferecer o assessoramento legal necessário relativo a todos aqueles temas. Além disso, é bom lembrar que o mediador tem o dever ético de exigir das partes a devida assistência legal com relação aos compromissos assumidos durante o procedimento e, sobretudo, no acordo alcançado.

6) Definição de mediador: sua formação e sua seleção

Nos termos previsto neste texto, mediador é toda e qualquer pessoa capaz, entenda-se a capacidade civil, que tenha conduta ilibada e formação técnica ou experiência prática adequada à natureza do conflito. Consagra-se assim a exigência de formação para o mediador, podendo ser esta substituída por conhecimentos específicos relativos a experiência prática adquirida na área de natureza do conflito. Reza o artigo que trata do tema que caberá conjuntamente à Ordem dos Advogados do Brasil por suas seccionais, aos Tribunais de Justiça Estaduais, às Defensorias Públicas Estaduais e às instituições especializadas em mediação devidamente registradas nos Tribunais estaduais a formação e seleção de mediadores, para o que serão implantados cursos apropriados, com a fixação de critérios de aprovação e a publicação do regulamento respectivo.

É fundamental salientar um aspecto da opção introduzida pelo texto para excluir os profissionais não advogados da mediação judicial a formação dos advogados deve primar pela conduta de isenção de suas interpretações ou avaliações legais sobre a demanda em que está intervindo. Tal requisito se mostra imprescindível, pois seria compreensível que ele fizesse sua avaliação sobre o conflito e o possível desdobramento jurídico. Nesse sentido, certamente estaria confundindo papéis, pois ao juiz caberá o julgamento da matéria e ao mediador caberá somente convidar as pessoas a refletir conjuntamente sobre a controvérsia.

7) Mediador judicial, seu registro e sua fiscalização

São mediadores judiciais os advogados com pelo menos três anos de efetivo exercício de atividades jurídicas capacitados, devidamente selecionados e inscritos no Registro de Mediadores das seccionais da OAB. Viola-se assim um princípio basilar da atividade: a interdisplinariedade. Perde-se com isso toda a riqueza de oferecer no diálogo intervencionista da mediação visões distintas além das dos operadores do direito. Contraria-se no País a tendência mundial de se utilizar disciplinas diversas no procedimento. A atividade, sem a imparcialidade do mediador, perde uma de suas principais características. Sua função é devolver às partes o poder para melhor administrar o conflito. Nela vigora a informalidade, que resulta no cumprimento natural dos compromissos nela assumidos. Como dito anteriormente, corre-se o risco de os advogados intervirem com avaliações e interpretações legais do conflito, pois são notórias as dificuldades existentes para entenderem o procedimento. Portanto, é fundamental a capacitação comentada no item anterior, que no que tange aos advogados deve primar pela proibição de apresentar sugestões, recomendações, assessoramento ou aconselhamento relativos ao mérito do conflito.

Além disso, são considerados no exercício de suas funções auxiliares da justiça, equiparados aos funcionários públicos. E, como tal, estão sujeitos aos impedimentos previstos pelo CPC, arts. 134 e 135, ou seja, os mesmos do juiz togado. E ainda respondem por possível exclusão da lista de Registro de Mediadores da OAB quando agirem por dolo ou culpa na condução da mediação, violarem a confidencialidade e a imparcialidade, prestarem serviço em que estão impedidos, forem condenados em sentença criminal transitada em julgado, tendo para tanto o devido processo administrativo na OAB, na conformidade do Título III, que trata dos processos disciplinares da Lei 8.906/94 sobre o Estatuto da Advocacia e da Ordem dos Advogados do Brasil. De qualquer maneira, este quadro aponta o lançamento das sementes de uma nova carreira jurídica no Brasil.

8) Mediador extrajudicial, seu registro e sua fiscalização

Mediador extrajudicial é toda e qualquer pessoa capaz, de conduta ilibada e com formação técnica ou experiência prática adequada à natureza do conflito, independente e oriunda de qualquer profissão que não advogado. Como os mediadores judiciais, são considerados no exercício de suas funções auxiliares da justiça, equiparados aos funcionários públicos. Estarão sujeitos aos impedimentos estabelecidos aos juízes previstos pelo CPC, arts. 134 e 135. E ainda respondem por possível exclusão da lista de Registro de Mediadores dos Tribunais de Justiça dos Estados quando o solicitarem, agirem por dolo ou culpa na condução da mediação, violarem os princípios da confidencialidade e a imparcialidade, prestarem serviço em que estão impedidos ou forem condenados em sentença criminal transitada em julgado. A fiscalização de suas atividades estará por conta dos Tribunais de Justiça.

9) Co-mediador, seu registro e sua fiscalização

A co-mediação como explanada anteriormente possuí vários tipos. A experiência brasileira e a internacional têm utilizado a co-mediação com profissionais capacitados em mediação que desenvolvem tanto o papel de mediador quanto de co-mediador. No texto ora em análise, a co-mediação far-se-á recomendável pela natureza ou complexidade do conflito. No entanto, será obrigatória em questões que versem sobre o estado da pessoa e Direito de Família, cabendo aos psiquiatras, psicólogos e assistentes sociais a qualidade de co-mediadores.

Há um equívoco nos dispositivos oferecidos pelo texto quanto ao papel do co-mediador, já que este não é um mediador como os demais. É um profissional especializado na área do conhecimento subjacente ao litígio, na realidade, é um auxiliar do mediador. Não se exige do co-mediador a necessária formação em mediação, muito embora esteja equiparado ao mediador em sanções pela má conduta no procedimento, como as anteriormente mencionadas, fiscalizadas pelos Tribunais Judiciais Estaduais. Ao mesmo tempo, não se exige dele a subscrição do "termo de mediação", pois isso cabe somente ao mediador, às partes e a seus advogados. Tal fato poderá trazer males inesperados, pois a forma em que se apresenta a intervenção do co-mediador pode levá-lo a oferecer opiniões especializadas sobre o mérito do conflito.

10) Mediação prévia

A mediação prévia é aquela realizada quando inexiste processo judicial. Poderá ser judicial ou extrajudicial, dependendo da qualidade do mediador que coordenará os trabalhos. Será judicial quando o interessado, por seu representante legal, apresentar seu pedido em formulário padronizado ao Poder Judiciário, requerendo a realização da mediação prévia, interrompendo com isso a prescrição. Deverá ser realizada no máximo em noventa dias, a contar do recebimento do pedido. O requerimento do pedido será distribuído ao mediador judicial que designará dia, hora e local onde se realizará a reunião de mediação, convocando todos os interessados por qualquer meio eficaz e idôneo de comunicação. Esse tipo de mediação faculta às partes a escolha do mediador, podendo ser também outro mediador judicial que não aquele inicialmente indicado, ou extrajudicial se assim o desejarem as partes de comum acordo, caracterizando-se assim como mediação prévia extrajudicial. Além disso, tanto as partes quanto o próprio mediador poderão se valer neste procedimento de co-mediadores, isto é, profissionais especializados na área que guarde afinidade com a natureza do conflito.

E ainda, na possibilidade de a outra parte convocada pelo mediador prévio não ser encontrada ou não comparecer à reunião, a mediação prévia se tornará frustrada. Por outro lado, caso compareçam e resulte em acordo, o mediador devolverá o pedido ao distribuidor acompanhado do "termo de mediação" para as devidas anotações, podendo ser homologado a pedido das partes e transformado neste ato em título executivo judicial.

11) Mediação incidental

A mediação incidental será obrigatória quando houver processo judicial de conhecimento, à exceção das ações de interdição; falências; recuperação judicial; insolvência civil; inventário; arrolamento; imissão de posse; reivindicatória; usucapião de bem imóvel; retificação de registro público; cautelares; ou quando autor ou réu for pessoa de direito público e a questão versar sobre direitos disponíveis; quando o autor optar pelo procedimento do juizado especial ou pela arbitragem, ou ainda quando a mediação prévia tiver sido realizada nos 180 dias anteriores ao ajuizamento da ação.

Este tipo de mediação ocorrerá obrigatoriamente após a protocolização da petição inicial no juízo, devendo ser distribuído ao mediador antes mesmo do juiz da causa, que o será logo após o primeiro, para a tentativa de composição amigável. Não somente interrompe a prescrição, mas também induz litispendência e produz os mesmos efeitos previstos no art. 263 do CPC, que considera proposta a ação, mas não produz efeitos para o réu enquanto este não for citado como previsto no art. 219 do CPC. A exemplo da mediação prévia, caberá ao mediador o chamamento das partes por qualquer meio eficaz e idôneo de comunicação, com a designação de dia, hora e local para início dos trabalhos, acompanhado da recomendação de que as partes deverão comparecer com seus advogados. Este chamamento conforme determinação do texto considera que o mediador intimará as partes por aqueles meios. E como o mesmo artigo prevê a possibilidade de o requerido não ter sido citado no processo judicial, a intimação para a reunião de mediação o considerará em mora, tornando prevento o juízo, induzindo litispendência, fazendo litigiosa a coisa e interrompendo a prescrição.

A mediação incidental poderá ser judicial ou extrajudicial, dependendo da qualidade do mediador que coordenará os trabalhos. Será judicial quando o autor da ação, por seu representante legal, aceitar a nomeação do mediador judicial, mas poderá ser realizada por outro mediador judicial ou extrajudicial a pedido das partes de comum acordo, aí será mediação incidental extrajudicial.

Na hipótese de o requerido não ser encontrado, ou não comparecer nenhuma das partes, a mediação incidental será considerada frustrada. Uma vez não alcançado o acordo não somente na hipótese antes citada, mas também após o comparecimento das partes e seu manifesto desinteresse pela composição, o mediador devolverá a petição inicial e lavrará o termo com a descrição da impossibilidade da composição para dar prosseguimento ao feito. Por outro lado, alcançado o acordo o mediador lavrará o "termo de mediação" com a descrição detalhada de todas as suas cláusulas, devendo remeter ao juiz da causa que, por sua vez, examinará o preenchimento das formalidades legais e, uma vez satisfeitas, o homologará, tornando-o título executivo judicial, e determinará o arquivamento do feito. Caso o acordo seja em grau de recurso, sua homologação será realizada pelo relator.

Cabe lembrar que estes requisitos legais revestem a mediação incidental de mais um ato no âmbito do processo. Com isso, se viola o caráter voluntário do procedimento. Viola-se com sua obrigatoriedade no âmbito paraprocessual incidental o princípio básico da autonomia das vontades, cuja experiência brasileira e a internacional a consagram em seu patamar máximo. Com esta escolha efetivada pelo legislador, o País opta por tentar modificar a cultura da sentença pela cultura da paz de forma coercitiva, contrariando em um primeiro momento a possibilidade das partes de escolher o caminho que desejam trilhar.

12) Alterações do Código de processo Civil

O texto determina que em havendo pedido de liminar, a mediação incidental terá curso após a decisão prolatada sobre ela, mas se houver a interposição de recurso contra a referida decisão não a prejudicará. Quanto à antecipação das despesas do processo judicial prevista no art. 19 do GPC, só será devida após a retomada do curso do processo, isto é, somente na hipótese de não se alcançar acordo na mediação incidental, caso em que o valor pago a título de honorários do mediador também na forma prevista neste artigo do GPG será abatido das despesas do processo.

Além disso, o legislador optou por proceder a relevantes modificações do art. 331 do GPC, ampliando para seis o número de seus incisos. Ao tratar da audiência preliminar, versa o texto que o juiz da causa, independentemente de as partes haverem passado por tentativas anteriores de composição prévia ou incidentalmente, poderá tentar a conciliação entre elas. Ou ainda ele poderá se valer de conciliadores constantes da lista dos Tribunais Estaduais ou mesmo de juiz conciliador se por eles instituído.

Entretanto, com essa modificação, um avanço merece toda atenção: a tentativa de implementação de uma espécie de sistema multi-portas nos moldes norte-americanos, uma vez que o juiz, fazendo uso desse artigo, poderá sugerir outros métodos além da mediação, por exemplo, a arbitragem ou a avaliação neutra de terceiro, cujo prazo para esta última será fixado pelo próprio juiz, não sendo vinculante para as partes e tendo com o objetivo orientá-las para a tentativa de composição amigável.

13) Disposições finais

As disposições finais estabelecem que a *vacacio legis* será de quatro meses a contar da data de sua publicação e os Tribunais Estaduais terão seis meses para expedir as normas relativas às exigências da lei, inclusive fixar os valores de remuneração para as atividades do mediador e do co-mediador. Estes obrigatoriamente deverão constar do acordo resultante da mediação. Importa ressaltar que tal previsão optou por definir a atividade do mediador e do co-mediador como prestação de serviço e como tal eles deverão ser remunerados com base em valores fixados por aqueles órgãos. Além disso, exige que a atividade seja prestada "em local de fácil acesso, com estrutura suficiente para atendimento condigno dos interessados", quer seja no âmbito privado, quer seja no âmbito público.

Resumem-se assim as considerações iniciais relativas ao texto do Projeto de Lei, tendo como referência a experiência prática adquirida com a atividade no Brasil e em outros países. Foram previstos avanços nele, mas há que se fazer reparos sob pena de os objetivos do legislador não serem alcançados. Ressalte-se que essa lei vigorará em todo o território nacional segundo interpretação a ser dada pelos vários órgãos mencionados no texto, que a colocarão em prática. Nesse sentido, sua implementação obedecerá a realidades muito distintas em um país de dimensões continentais, que não possui tradição na composição de conflitos.

Muitos foram os esforços empreendidos pelos especialistas, junto com os parlamentares, que estiveram envolvidos no processo legislativo do Projeto de Lei Federal, cuja tramitação já alcança nove anos. Muito embora seja dispensável uma lei sobre mediação para pais e considerando seu advento a possível implementação de uma nova cultura, este texto contraria, como já mencionado, dois princípios da atividade: a interdisciplinaridade e a voluntariedade. O futuro dirá se o país mudará sua cultura.

BIBLIOGRAFIA

Akland, Andrew Floyer. *Como utilizar la Mediación para resolver conflitos en las organizaciones*. Buenos Aires: Editora Paidós, 28 ed. (1992)

Alargão, Isabel; **Tavares**, José. *Supervisão da Prática Pedagógica – uma perspectiva de desenvolvimento e aprendizagem*. Coimbra: Almedina, 2003.

Almeida, Tania. "Como a teoria da Ação Comunicativa de Jungen Habermas pode auxiliar mediadores no trabalho de facilitar diálogos". mediare.com.br/artigos 2007.

Braga Neto, Adolfo. Interesses difusos e coletivos artigo "O Ministério Público e a Mediação de Conflitos" (Centro de Estudos e Aperfeiçoamento Funcional. Escola Superior do Ministério Público de São Paulo). São Paulo: Plêiade. (1997)

_____. "Mediação de Conflitos" e "O alerta sobre as instituições arbitrais inidôneas". Direito dos Contratos. Antonio Jorge Pereira Junior; Gilberto Haddad Jabur (Coords.). Paris: CEU Quartier Latin, 2006.

_____. "Projeto de Lei de Mediação Paraprocessual em Trâmite no Congresso Nacional". Revista Brasileira de Arbitragem, n°. 11, jul./set.2006. São Paulo: CBAR, IOB, Thomsom.

_____. "Conflitos em Franchising – Nova maneira de resolução – Mediação". Newsletterdgae. – Ministério da Justiça de Portugal, 2006.

_____. *Alguns Aspectos Relevantes sobre a Mediação de Conflitos – Estudos sobre Mediação e Arbitragem.* – Lilia Maia de Morais Sales (Org.); Universidade de Fortaleza – Editora ABC, 2003.

Brenneur, Beatrice Blohorn. *Justice et Médiation - un juge du travail témoigne.* Paris: Lê cherche midi, 2006.

Calcaterra, Ruben A. *Mediación Estratégica.* Barcelona: Gediva Editorial, 2002.

Cappelletti, Mauro; **Garth**, Bryant. *Acesso à justiça.* Porto Alegre: Sergio Antonio Fabris, 1978.

Cezar Ferreira Veronica A. *Família, separação e mediação – uma visão psicojurídica.* São Paulo: Método, 2004.

Fisher, Roger; **Ury**, William; **Patton**, Bruce. *Como chegar ao sim.* Rio de Janeiro: Imago, 58 ed. (1992).

Haynes, John M; **Marodin**, Marilene. *Fundamentos da mediação familiar.* Porto Alegre: Artes Médicas, 28 ed. 1991.

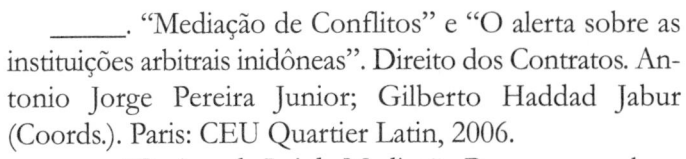

Kaplan, Harold I. Sadock; **Benjamin J**. *Compêndio de psiquiatria*. Porto Alegre: Artes Médicas, 1993, 68 ed.

Kolk, Débora M. et al. *Cuando hablar da resultado – Perfiles de Mediadores*. Buenos Aires: Editora Paidós, 2ª ed. 1995.

Folberg, Jay; **Taylor**, Alison. *Mediación – Resolución de Conflictos sin Litígio*. Cidade do México: Editora Lumisa, 1996.

Folger, J. P.; **Bush**, R. A. Baruch. *La Promesa de Mediacion*. Buenos Aires: Ediciones Granica, 1996.

Galtung, Johan.*Transcender e transformar – uma introdução ao trabalho de conflitos*. São Paulo: Palas Athena, 2006.

Garcez, Jose Maria Rossani. *Técnicas de negociação – Resolução Alternativa de Conflitos: ADRS, Mediação, Conciliação e Arbitragem*. Rio de Janeiro: Lúmen Júris, 2002.

Hall, James A. *Jung e a interpretação dos sonhos*. São Paulo: Cultrix, 1983.

Miller, Mary Susan. *Feridas invisíveis – abuso não físico contra mulheres*. São Paulo: Summus, 1999.

Moore, Christopher W. *O processo de mediação – estratégias práticas para a resolução de conflitos*. São Paulo: Artes Médicas, 28 ed., 1998.

Muldoon, Brian. *El corazón del conflicto*. Buenos Aires: Editora Paidós, 2ª ed., 1998.

Nató, Alejandro Marcelo-Querejazu; María Gabriela Rodrígues – Carbajal; Liliana Maria. *Mediación Comunitária Conflictos en el escenario social urbano*. Sonora: Editora do Centro Internacional de Estudios sobre Democracia y Paz Social – Hermosillo, 2005.

Redorta, Josep. *Còmo Analizar los Conflictos – La Tipologia de Conflictos como Herramienta de Mediación*. Barcelona: Ediciones Paidos, 2001.

Reich, Wilhelm. *Análise do caráter*. São Paulo: Martins Fontes, 1995.

Sales, Lília Maia de Morais. *Justiça e mediação de conflitos*. Belo Horizonte: Dei Rey, 2004.

Sampaio, Lia Regina Castaldi. Solidariedade – A rede como mecanismo de interação social. São Paulo: Interação Rede Social, 2005.

Santos, Boaventura de Sousa. *O discurso e o poder*. Porto Alegre: Edipro, 2000.

_____. *Crítica da razão indolente*. Porto Alegre: Edipro, 2000.

_____. **Trindade**, João Carlos. *Conflito e transformação social: Uma Paisagem das Justiças em Moçambique*. Porto, Edições Afrontamento, 2003, vs.1 e 2.

Schnitman, Dora Freid; **Litlejohn**, Stephen. *Novos paradigmas em mediação*. Porto Alegre: Artes Médicas, 1999.

Six, Jean-François. *Dinâmica da mediação*. Belo Horizonte: Dei Rey, 2001.

Suares, Marines. *Mediación. Conduccion de disputas, comunicación y tecnicas*. Buenos Aires: Editora Paidós, 1997.

_____ . *Mediando en Sistemas Familiares*. Buenos Aires: Editora Paidós: 2002.

Stone, Douglas; **Patton**, Bruce; **Heen**, Sheila. *Conversas difíceis*. São Paulo: Alegro, 2004, 7ª ed., 2004.

Ury, Willian. *Supere o não (negociando com pessoas difíceis).* Rio de Janeiro: Best Seller, 2ª ed., 1991.

_____. *Chegando à paz.* Rio de Janeiro: Campus, 2000.

Vargas, Lúcia Dias. *Julgados de Paz uma Nova Face da Justiça.* Coimbra: Almedina, 2006.

Vezzulla, Juan Carlos. *Mediação – Teoria e Prática – Guia para Utilizadores e Profissionais.* Lisboa DGAE – Ministério da Justiça de Portugal, 2004.

_____. *A mediação de conflitos com adolescentes autores de ato-silnfracionais.* Florianópolis, Habitus, 2006.

Warat, Luis Alberto. *O ofício do mediador.* Florianópolis: Habitus, 2001.

Watanabe, Kazuo. *Filosofia e características básicas do Juizado Especial.* São Paulo: Revista dos Tribunais, 1985.

Wilde, Zulema D., Gaibros M. Luis. *O que é mediação.* Lisboa: DGAE – Ministério da Justiça de Portugal, 2003.

SOBRE OS AUTORES

Lia Regina Castaldi Sampaio é formada em Direito pela PUC-SP e em Psicologia pela Universidade Mackenzie, com especialização em Psicossomática pelo Movimento Interdisciplinar de Psicossomática (MIP), e Psicoterapias Neo-Reichianas pelo Ágora – Centro de estudos Neo-Reichianos.

É também administradora hospitalar, formada pelo Instituto de Pesquisas Hospitalares do Hospital São Camilo –

SP. Fez pós-graduação em Psicologia Hospitalar na Universidade de Santo Amaro – (Unisa).

Especialização em Capacitação de Gestores e Formadores de Voluntários do Cogeae – PUC-SP, e Especialização em Gestão de Organizações do Terceiro Setor da Fundação Getulio Vargas – FGV-SP.

Presidente da Associação Interação Rede Social e coordenadora de voluntários do Hospital Samaritano – SP.

Formou-se em Mediação pela BG Mediação Interdisciplinar e pelo Instituto Familiae. Fez pós-graduação *latu sensu* em "Mediação: Intervenções Sistêmicas em Diferentes Contextos", Puc-sp/Cogeae.

Curso de Mediação Corporativa, curso de Reciclagem e curso avançado de Mediação no Contexto Familiar, no Imab – Instituto de Mediação e Arbitragem do Brasil (Imab).

Membro da Comissão de Arbitragem e Mediação da OAB-SP (2004- 2006).

Consultora de Mediação Familiar e Empresarial do escritório Ceglia Neto Advogados (2004-2005).

Atualmente, além de atuar como psicoterapeuta, atua como mediadora familiar, empresarial e na área do Terceiro Setor.

Adolfo Braga Neto, graduado em Direito pela Faculdade de Direito da Universidade de São Paulo. Possui pós-graduação *lacto sensu* em Direitos Difusos e Coletivos pela Escola Superior do Ministério Público do Estado de São Paulo.

Atualmente responde pela Secretária Geral do Fórum Mundial de Mediação, Vice-Presidência do Conselho Nacional das Instituições de Mediação e Arbitragem (Conima), Presidência do Conselho de Administração do Instituto de Mediação e Arbitragem do Brasil (Imab) é também um dos diretores do Instituto de Mediação e Arbitragem de Portugal (Imab).

É sócio da Oliveira Marques Advogados Associados, supervisor em Mediação do Setor de Mediação do Fórum de Guarulhos, conciliador de Primeira Instância do Setor de Conciliação do Fórum João Mendes de São Paulo.

Professor do Centro de Extensão Universitária – (CEU) e do Centro Universitário Metropolitano de São Paulo – (Unimesp). Cogeae/Puc. Participa na qualidade de técnico formador de mediadores dos projetos de implementação de mediação e arbitragem em Angola e Cabo Verde. É ainda consultor da ONU e do Banco Mundial.